# Devenez un As de la Vente sur Salon

*Le Guide pour réussir et rentabiliser votre participation à un salon professionnel*

# Sommaire

# Introduction

Bienvenue à tous les patrons-vendeurs, entrepreneurs passionnés qui investissent leur temps, leur énergie et leur argent pour propulser leur entreprise et promouvoir leurs produits et services auprès d'autres professionnels. Si vous faites partie de ceux qui ont déjà participé à des salons professionnels, vous savez que ces événements peuvent être décisifs pour développer votre chiffre d'affaires et conquérir de nouveaux marchés BtoB. Cependant, les préparatifs des stands, le déroulement du salon, et le suivi après l'événement nécessitent des ressources considérables en temps, en énergie et en budget.

Le stress, le manque de préparation, l'hésitation quant à l'attitude à adopter face aux visiteurs, les erreurs de communication, les outils de vente inadaptés, une mauvaise organisation et un suivi insuffisant sont autant de défis auxquels vous pourriez être confronté, peu importe votre volonté de réussir et de faire croître votre entreprise. C'est pour cela que j'ai écrit ce livre. Je vous donnerai les outils nécessaires pour vous accompagner étape par étape, depuis les préparatifs jusqu'au suivi après l'événement.

En gardant une approche commerciale et marketing, j'ai créé une méthode complète et détaillée pour vous donner les clés du succès pour votre prochain salon professionnel. En utilisant des exemples concrets et des cas réels, ce livre vous propose des solutions éprouvées sur le terrain pour éviter les erreurs les plus courantes et réussir votre salon professionnel. Chaque sujet sera accompagné d'exercices pratiques pour vous permettre d'appliquer les conseils à votre entreprise et à votre situation.

En appliquant ces méthodes à vous-même et à vos équipes, vous deviendrez un as dans l'art de réussir vos salons professionnels. Vous pourrez rentabiliser ces événements et les utiliser comme outil puissant pour la croissance de votre entreprise. Avec ce livre, vous êtes prêt à atteindre de nouveaux sommets et à transformer vos salons professionnels en un tremplin pour le succès de votre entreprise.

Bonne lecture et bonnes ventes !

# Partie 1

## Comment bien choisir son salon ? De l'importance de savoir sélectionner.

« *Parfois, les opportunités qui se présentent à nous sont en réalité des cadeaux empoisonnés déguisés en opportunités. Avant de saisir une opportunité, il est important de bien comprendre les risques et les récompenses, et de s'assurer qu'elle est réellement alignée sur nos objectifs à long terme.* »

*Adam Braun*

Je comprends, ce salon qui vous attire tant et qui vous fait de l'œil ne se présente qu'une fois par an, voire même une fois tous les deux ans s'il s'agit d'une biennale. Si vous le manquez, vous devrez attendre encore deux ans pour y participer...

Lorsque l'envie nous prend de nous lancer, la précipitation peut pousser n'importe quel entrepreneur impatient à succomber aux chants des sirènes. Mon conseil est simple : résistez !

La participation à un salon ne doit pas être décidée sur un coup de tête, une envie ou une sensation. En effet, un manque de préparation et de réflexion risque de vous entraîner dans une spirale dont vous n'auriez pas estimé correctement les coûts, l'énergie, la mobilisation des équipes, la logistique et le retour sur investissement. Vous et votre entreprise risqueriez de perdre des plumes précieuses et d'en garder un goût amer.

Permettez-moi donc de vous rappeler ce proverbe : "chi va piano va sano ed anche lontano", ce qui signifie qu'il ne faut pas confondre vitesse et précipitation et qu'il est nécessaire de prendre le temps de mûrir votre réflexion et votre prise de décision avant d'ouvrir votre portefeuille pour payer votre stand. En choisissant de laisser passer une édition du salon, vous pourrez le découvrir et le visiter de manière méthodique avant de décider d'y participer.

Dans cette première partie du livre, nous aborderons donc l'importance de découvrir un salon en le parcourant en tant que visiteur. L'objectif de ce chapitre est de vous fournir des outils et des méthodes pour recueillir les informations nécessaires à une prise de décision.

Au cours de ce chapitre, vous allez vous transformer en enquêteur à la recherche d'indices précis qui vous permettront de déterminer si ce salon si attrayant est réellement pertinent pour votre activité. La réalisation de cette étude de marché préliminaire garantira au maximum le futur succès de votre participation éventuelle.

Soyez attentif aux critères que nous examinerons afin de décider en toute connaissance de cause et en vous basant sur des critères solides et objectifs si ce salon est adapté à votre entreprise et si vous pouvez espérer en retirer des bénéfices réels.

En suivant ces étapes, votre participation, le cas échéant, sera le fruit d'une décision mûrement réfléchie, s'intégrant dans le cadre d'un plan d'actions commerciales cohérent.

## 1.1   Une « bonne occasion » ne fait pas « une bonne raison ».

Croyez-le ou non, j'ai vu trop de chefs d'entreprises s'engager dans la participation à un salon simplement parce qu'on leur proposait un stand "pas cher" ou "subventionné". Certains vont même jusqu'à se rendre à l'étranger sans même avoir réfléchi à leur stratégie d'exportation, simplement parce qu'un organisme ou un réseau offre des aides.

Se lancer tête baissée dans un salon juste parce qu'on vous présente une "occasion" attrayante est souvent une grave erreur. Permettez-moi de vous expliquer pourquoi

: vous raisonnez en termes de coût plutôt qu'en termes de retour sur investissement.

Malheureusement, vous sous-estimerez toujours les coûts indirects d'un salon, peu importe l'offre irrésistible qui vous est faite. Vous devrez consacrer du temps aux préparatifs, gérer la logistique et mobiliser vos équipes en amont, pendant et après le salon, pendant des semaines.

Il est également essentiel de prendre en compte le "coût d'opportunité" engendré par votre participation à un salon. En effet, le temps et les efforts que vous consacrez à un salon qui ne vous convient probablement pas ou qui ne s'inscrit pas dans une stratégie commerciale réfléchie ne sont pas investis ailleurs.

Toute cette énergie et ces coûts ne pourraient-ils pas être mieux utilisés ? Par exemple, vous pourriez choisir de les consacrer à une tournée, à investir dans une campagne publicitaire ou à la refonte de votre site internet pour développer une boutique en ligne.

En tant que PME, vos ressources sont limitées. Vous ne pouvez pas vous permettre de les dépenser sans évaluer précisément le retour sur investissement et les autres alternatives de développement commercial qui s'offrent à vous.

Avant de vous précipiter en saisissant une opportunité qui n'en est peut-être pas une, prenez le temps de réfléchir, de considérer votre stratégie commerciale et de vous informer sur le salon.

## 1.2   Choisir le salon idéal : les critères incontournables.

La meilleure façon de vous informer sur un salon est de vous y rendre en personne. Achetez votre billet et munissez-vous d'un carnet, car vous devrez prendre des notes ! Voici les critères à répertorier et évaluer pour décider si votre entreprise a sa place sur ce salon.

**L'offre produit**

Les marques et produits représentés sont-ils de qualité équivalente, supérieure ou inférieure aux vôtres ? Cela risque-t-il de dévaloriser votre image ou, au contraire, d'affirmer votre positionnement ?

Vos produits pourraient-ils compléter de manière cohérente l'offre actuelle et se différencier ? Ou seraient-ils noyés au milieu de la concurrence, trop présente et nombreuse ?

Les concurrents présents représentent-ils une opportunité en termes d'affluence de visiteurs et de clients que vous pourriez conquérir, ou sont-ils une menace qui risque de cannibaliser votre présence ?

**Le standing et le coût des stands**

Soyez attentif à la qualité des stands. Quelle est leur taille ? Pourriez-vous présenter efficacement votre offre sur des surfaces similaires ?

Évaluez également la qualité de présentation des stands des exposants. Ce salon mettra-t-il en valeur votre marque ?

Disposez-vous des ressources financières, matérielles et humaines nécessaires pour concevoir et monter un stand de cette envergure ? Devrez-vous faire appel à un professionnel spécialisé dans les stands pour vous aider ?

Pensez-vous que votre marque, si vous décidez de participer, sera en mesure de proposer un stand d'une qualité égale, supérieure ou inférieure à la moyenne, compte tenu de vos ressources disponibles ?

Combien de mètres carrés vous faudra-t-il pour présenter vos produits ?

Pouvez-vous estimer le coût de réalisation du stand (conception, fabrication, montage) ? Obtenez dès maintenant des devis globaux auprès de spécialistes des stands (ils pourront vous donner une fourchette de prix) ou renseignez-vous auprès de collègues dont la taille de l'entreprise est similaire à la vôtre et qui ont déjà participé à ce salon.

## La typologie des visiteurs

Ne vous fiez pas aux statistiques fournies par les organisateurs et menez votre propre enquête pour découvrir qui constitue réellement le public du salon et si celui-ci correspond à votre clientèle cible.

Renseignez-vous sur la typologie des visiteurs pour vous assurer qu'ils correspondent à votre clientèle cible.

S'agit-il de particuliers ou de professionnels ?

Quelle est la typologie des particuliers (famille, couple, âge, catégorie sociale) ?

Quelle est la typologie des professionnels ?

Le public est-il local, national ou international ?

S'agit-il d'un public qui correspond à votre clientèle actuelle ?

S'agit-il d'un public qui ne correspond pas encore à votre clientèle actuelle mais qui présente un potentiel ?

S'agit-il réellement d'une cible que vous souhaitez et pouvez atteindre à ce stade de développement de votre entreprise ?

Votre offre produit et votre structure sont-ils suffisamment matures pour s'attaquer à ce nouveau marché ?

Si tel est le cas, ne risquez-vous pas de disperser vos efforts commerciaux en vous attaquant à un nouveau marché ?

**Appuyez-vous sur le bouche-à-oreille**

Vous connaissez certainement des collègues qui participent déjà à ce salon. Profitez-en pour les interroger et recueillir leurs impressions.

Peuvent-ils vous renseigner sur les visiteurs ?

Combien de contacts/visiteurs reçoivent-ils chaque jour ?

Enregistrent-ils des commandes fermes directement sur le salon, ou les retours sont-ils ultérieurs ?

Peuvent-ils vous dire ce qu'ils ont gagné depuis leur participation à ce salon ?

Quels sont, selon eux, les avantages et les inconvénients du salon ?

D'après eux, connaissant votre entreprise, estiment-ils que vous auriez intérêt à y participer et pour quelles raisons ?

## La situation géographique

Enfin, dernier critère mais non le moindre, où se trouve le salon ? Votre entreprise est-elle à proximité ? Vos employés pourront-ils rentrer chez eux le soir, ou devrez-vous prévoir des frais d'hébergement et de restauration ? L'organisation logistique sera-t-elle facile, ou devrez-vous faire voyager vos installateurs à travers l'Europe ou expédier vos produits par fret aérien en gérant les assurances nécessaires ?

Renseignez-vous sur le coût que représente un tel déplacement et une telle mobilisation logistique, et évaluez-le. Ensuite, ajoutez 15 %, car comme je l'ai mentionné précédemment, vous aurez toujours tendance à sous-estimer les coûts (sans cela, vous ne seriez pas entrepreneurs !).

Comme vous le constaterez, de nombreuses questions auxquelles vous devez répondre se posent. Soyez honnête dans votre enquête et acceptez les réponses, quelles qu'elles soient, même si elles ne vont pas dans la direction que vous aviez imaginée.

Vous pensiez avoir trouvé le salon idéal pour présenter vos produits et obtenir de nouvelles commandes ? Malheureusement, après enquête, les impressions et les réponses sont mitigées ? Parfait, vous venez d'éviter des dépenses inutiles qui auraient pu nuire à votre petite entreprise. Votre prise de décision repose sur des données objectives et un raisonnement solide.

Au contraire, vos impressions sont confirmées et ce salon semble réunir tous les critères essentiels pour une participation réussie ? Un environnement de marques pertinent, un public ciblé, des retours positifs des participants ? Dans ce cas, il ne vous reste plus qu'à vous projeter et à passer à l'étape suivante : repérer l'emplacement idéal en vue d'une future participation.

## 1.3   Repérer l'emplacement stratégique : le bon endroit où placer son stand.

Le salon et son visitorat semblent tout à fait pertinents pour votre entreprise ? Parfait, il faut maintenant repérer "the spot to be" (l'endroit où il faut se montrer) si vous deviez participer à une prochaine session.

En effet, certains salons sont d'une dimension importante et s'étendent sur plusieurs halls. Il est possible que plusieurs halls puissent accueillir votre marque. À vous de les découvrir et de voir lequel d'entre eux vous semble le plus opportun.

À ce stade du livre, l'objectif est de vous aider à repérer le secteur le plus adapté à votre activité ou à votre cible et de trouver l'emplacement où le trafic semble le plus nombreux.

Il y a donc trois composantes principales à surveiller pour choisir votre emplacement : le produit, le type de visiteurs, le trafic.

Le but étant de réussir à allier au maximum les trois critères.

**L'emplacement par secteur produit :**

Repérez les différentes zones du salon. Quels sont les thèmes, les produits exposés, la typologie des marques présentes ? Y a-t-il une zone qui vous semblerait propice pour présenter votre univers ?

Peut-être votre entreprise est-elle multiproduit et dans ce cas, y a-t-il plusieurs zones propices ? Quelles sont leurs différences ? Leurs avantages et leurs inconvénients ?

**L'emplacement par trafic :**

Remarquez aussi la densité de trafic. Y a-t-il des allées beaucoup plus fréquentées que d'autres ? Un fil rouge peut-être ?

Certains mastodontes du secteur dont vous lorgnez la clientèle sont-ils présents ? Auquel cas, ils auront tendance à attirer du trafic, et dans ce cas, il peut être pertinent de se positionner dans les parages.

Une entrée ou une sortie qui crée un goulot d'étranglement ou un sens de circulation spécifique, plus propice à une allée qu'à une autre ? Y a-t-il au contraire des zones beaucoup plus calmes avec moins de trafic ?

Attention également aux marques qui érigent des stands cloisonnés : cela crée des "murs" le long des allées. Cela rebute les visiteurs et freine le trafic ! En effet, les visiteurs veulent en voir le maximum et changeront d'allée plutôt que de passer entre des cloisons. Notez bien ces marques et fuyez-les comme la peste, sauf si vous prévoyez aussi de faire un stand cloisonné : nous évoquerons ce sujet ultérieurement dans le livre.

## L'emplacement par visitorat

Au-delà du raisonnement par produit, il faut aussi réfléchir au visitorat que vous souhaitez toucher lors du salon.

Y a-t-il un secteur qui a tendance à attirer la typologie de clientèle que vous ciblez, et donc qui serait plus pertinent pour vous, même si votre produit détonne de l'univers actuellement présenté ?

Un de mes clients, par exemple, vendait des tables à manger d'extérieur. Il exposait régulièrement dans le hall dédié à l'ameublement et attirait à lui les revendeurs, magasins de meubles et centrales d'achat de jardineries.

Or, celui-ci souhaitait compter plus de restaurateurs dans sa clientèle. L'avantage de cette typologie de clientèle étant double : la restauration génère en effet de gros volumes de commandes ainsi que des remplacements réguliers.

Afin de conquérir ce marché et de se rendre visible, il a réussi à convaincre les organisateurs du salon de le laisser installer son stand dans le hall dédié à la restauration, secteur occupé traditionnellement par des enseignes d'art de la table et de produits culinaires.

En faisant le pari de passer du secteur "meuble" au secteur "restauration", le client a fait un carton plein. Tandis que les stands avoisinants présentaient des couverts d'exception et des nappes en coton, lui présentait ses tables et chaises d'extérieur.

Le bénéfice était évident : en plus de proposer une offre produit différente de celle des stands adjacents, il était en plein cœur de son marché cible : les propriétaires de restaurant !

Ce genre de coup n'est pas évident à jouer, mais il faut y penser et tenter !

Au final, prenez le plan du salon et marquez une croix à l'emplacement qui vous semblerait idéal dans le cas où vous choisiriez d'y participer. Gardez précieusement le document, vous éviterez ainsi de vous torturer des heures au moment de choisir votre numéro de stand lors de l'inscription éventuelle et d'échanges interminables avec les organisateurs du salon.

## 1.4    Anticiper les délais de retour sur investissement.

C'est décidé ! Ce salon est fait pour vous, et vous avez choisi d'y participer en ayant toutes les bonnes cartes en main pour prendre une décision éclairée.

Vous connaissez les tarifs au mètre carré et vous avez estimé le budget nécessaire à la préparation du salon. Parfait ! Il vous reste maintenant à estimer le délai moyen de retour sur investissement et à déterminer à partir de quel montant de chiffre d'affaires réalisé vous considére-rez que ce salon est une réussite.

**Anticiper les délais des retombées commerciales :**

Pour cela, interrogez à nouveau vos confrères qui participent à l'événement depuis plusieurs années. Font-ils des ventes en direct pendant le salon ? Enregistrent-ils des commandes fermes ?

Ou bien les retombées se font-elles plutôt après le salon ? Dans ce cas, il faudra prévoir un suivi commercial rigoureux après le salon pour transformer vos contacts prometteurs en clients effectifs.

De plus, est-il nécessaire d'être présent pendant plusieurs années consécutives pour commencer à récolter les fruits de l'exposition et recevoir une reconnaissance du public ? Si tel est le cas, êtes-vous prêt à vous engager dans ce marathon et à investir des sommes et de l'énergie sur plusieurs années ?

Après avoir visité plusieurs salons, vous êtes maintenant prêt à choisir celui qui sera le plus adapté à votre marque, à vos ressources et à vos objectifs. L'effet déceptif devrait normalement être limité. À vous désormais de mettre tout en œuvre pour bien préparer votre salon et réussir à accueillir vos visiteurs.

**Fixer des objectifs :**

Je vous invite à vous fixer des objectifs de ventes à réaliser pendant le salon, ainsi qu'après le salon à moyen et long terme. Par exemple, vous pouvez vous fixer des objectifs à 3 mois, 6 mois ou 12 mois après le salon.

Ces objectifs vous permettront d'évaluer si le retour sur investissement est à la hauteur de vos attentes. Il sera donc important de faire des points réguliers après le salon pour récapituler les affaires découlant de votre participation. Vous pourrez ainsi vérifier si le chiffre d'affaires fixé a été atteint (ou non) et si cela vous convient.

En résumé, ces données chiffrées vous permettront de voir si le jeu en valait la chandelle ou non. Vous pourrez ainsi décider de réitérer l'opération (ou pas), les années suivantes.

# Partie 2

# Comment bien préparer un salon ? Les clefs de la réussite en amont.

« *Le succès dépend de la capacité à identifier les opportunités dans la vie. Il est crucial de prendre le temps de réfléchir à la meilleure façon de les saisir et de planifier leur réalisation avant de se lancer.* »

*Brian Tracy*

## 2.1   Quelle offre produits exposer
## sur son stand ?

### 2.1.1   Adapter l'offre produits au visitorat.

Le risque lorsque l'on participe à un salon professionnel ? Vouloir exposer l'intégralité de sa gamme de produits.

Je comprends, vous souhaitez mettre en valeur l'étendue de vos compétences et démontrer que vous êtes en mesure de répondre à toutes sortes de demandes. Cependant, vous ne pouvez pas le faire car l'espace disponible est limité, et cette approche se traduira par une confusion incompréhensible.

Les produits que vous choisissez d'exposer lors d'un salon doivent être soigneusement sélectionnés en fonction du public visitant le salon. Il est essentiel de se renseigner préalablement auprès des organisateurs ou de collègues. Il faut être catégorique dans l'offre que vous décidez de présenter, celle-ci doit répondre à 100 % aux besoins du public visitant le salon.

Prenons par exemple mon expérience dans le domaine de l'éclairage. Nous participions tous les deux ans à un salon exclusivement dédié à la clientèle des restaurants et des hôtels. Pour ce salon en particulier, nous remplissions notre stand aux deux tiers avec des liseuses.

Peut-être ne savez-vous pas ce qu'est une liseuse, car le grand public n'en a généralement pas une à côté de son lit. En règle générale, on se contente d'une lampe de chevet. Une liseuse est souvent constituée d'un tube flexible orientable (un peu comme un tuyau de douche plus rigide) avec une tête équipée d'une lumière LED encastrée. Elle permet de lire au lit en concentrant la lumière sur un point précis (votre livre) sans déranger votre partenaire.

Ce produit n'était en aucun cas représentatif de notre gamme complète de luminaires. Pourtant, c'était celui que nous mettions en avant sur notre stand. Nous avions développé une gamme spécialement dédiée à cette clientèle, avec plusieurs finitions, formes et longueurs différentes, et nous les vendions en quantités considé-rables aux hôteliers qui en plaçaient deux par chambre.

Que se serait-il passé si nous avions choisi de présenter notre stand habituel avec l'intégralité de notre gamme de luminaires ? Nous aurions eu deux liseuses perdues sur notre stand et nous aurions manqué le besoin princi-pal de notre public cible : trouver des liseuses de qualité, avec de belles finitions et un bon rapport qualité-prix.

Alors, posez-vous toujours la question de qui sera le public du salon, de ce qu'il recherche et des problèmes que vous pouvez résoudre avec vos produits. Ensuite, choisissez de mettre principalement en avant la gamme de produits qui répondra aux besoins de ce public.

Si votre offre n'est pas assez complète, étoffez-la avant de participer à ce salon. Sinon, ce sera de l'argent gaspillé.

## 2.1.2   Proposer une offre compréhensible en un coup d'œil.

Vous arrive-t-il de visiter un salon, de passer devant un stand, et de ne pas du tout comprendre ce que fait ou fabrique l'entreprise ? Dans ce cas, vous ne cherchez pas plus loin, votre regard glisse pour passer au stand suivant. C'est peut-être le pire scénario qui puisse vous arriver si vous exposez lors d'un salon : que les visiteurs ne comprennent pas immédiatement votre métier.

Ce risque est encore plus important pour les entreprises de services. En effet, un produit se montre tandis qu'un service s'explique. J'ai trop souvent vu des entreprises de services se contenter d'un stand couvert d'affiches indigestes énumérant leurs innombrables services via des listes ponctuées de bullet points. Ce genre de stand est généralement composé d'affiches, d'un comptoir avec des flyers en désordre, et de deux personnes qui comblent l'ennui en buvant un café. Personne ne s'arrête chez eux, car personne ne comprend ce qu'ils font. Ils sont tout simplement "invisibles" au milieu des autres stands plus attrayants.

Si vous êtes une entreprise de services, vous devez faire preuve de créativité et d'audace pour réussir à "montrer" votre service. À vous d'être suffisamment ingénieux et créatif pour rendre votre offre palpable, tangible et rapidement compréhensible pour les visiteurs.

Je me souviens d'une entreprise spécialisée dans la couverture de toiture, la plomberie, l'électricité, la maçonnerie et d'autres domaines du bâtiment. Son savoir-faire est si précis qu'elle est sollicitée sur de nombreux chantiers de restauration de monuments historiques.

Lors des salons, cette entreprise ne se contente pas d'un simple comptoir, de deux commerciaux et d'affiches énumérant ses prestations. Car cela n'aurait aucun impact visuel sur les visiteurs. Au mieux, ils s'arrêteraient pour lire la liste des services proposés, au pire ils passeraient sans même remarquer le stand.

Au lieu de cela, cette entreprise a choisi de mettre en scène l'un de ses métiers phares et visuellement percutants : la couverture de toitures en ardoise, en zinc et en cuivre. Comment ? Tout simplement en recréant une charpente sur son stand. Celle-ci occupe les deux tiers de l'espace disponible. Une partie de la charpente est recouverte et achevée, tandis que le reste simule des travaux en cours.

Sur la cloison du stand, aucune liste criarde pour informer le visiteur de tous les services proposés, juste le nom de l'entreprise et le logo d'un label prestigieux du bâtiment, reconnu des visiteurs et qui en dit long sur la qualité du savoir-faire de l'enseigne.

Cette entreprise a choisi de "montrer" un seul de ses services, celui qu'elle estime être le point d'entrée pour les visiteurs et leurs projets. C'est ce service qui sert de point de contact avec les commerciaux présents sur place, qui ralentit le visiteur et l'incite à s'arrêter devant le stand, juste le temps que l'équipe commerciale prenne le relais et présente, si besoin, l'ensemble des services de la société.

Alors, creusez-vous les méninges et réfléchissez à la façon dont vous pouvez mettre en scène un des services que vous offrez, le rendre tangible et explicite aux yeux des visiteurs.

## Fiche pratique : A vous de jouer !

Maintenant que nous avons exploré comment rendre votre stand attractif pour les visiteurs, il est temps de passer à l'action et de mettre en pratique les consignes :

1. Identifiez les différentes catégories de visiteurs qui fréquenteront votre salon.

2. Déterminez les problèmes à résoudre et les besoins principaux de chaque catégorie de visiteurs.

3. Sélectionnez parmi votre gamme de services et de produits ceux qui sont le mieux à même de répondre à ces besoins spécifiques.

4. Identifiez les services ou produits qui sont moins adaptés aux besoins des visiteurs et éliminez-les de votre présentation et de votre stand.

5. Analysez vos faiblesses concurrentielles parmi les produits ou services les plus pertinents pour répondre aux besoins des visiteurs. Identifiez les aspects du produit ou du service que vous pourriez améliorer afin de mieux répondre à la demande.

6. Évaluez la diversité de votre offre de produits et de services. Si elle n'est pas assez étendue, réfléchissez à des moyens d'élargir votre gamme, en proposant de nouvelles variations ou en développant de nouvelles fonctionnalités.

7. Vérifiez si vous disposez d'un nombre suffisant de prototypes et de modèles des produits les plus adaptés aux besoins des visiteurs pour les exposer sur votre stand. Listez les références et les finitions disponibles.

8. Si vous ne disposez pas de prototypes, déterminez quels modèles et en quelle quantité vous devriez fabriquer pour avoir un stand bien approvisionné. Si vous ne pouvez fabriquer des prototypes, réfléchissez à la possibilité de créer des échantillons de matières et de coloris pour présenter vos produits.

## 2.2 Quelle documentation préparer pour ses visiteurs ?

Il va de soi que si vous adaptez votre offre de produits, vous devez également adapter vos outils marketing tels que vos outils d'aide à la vente (catalogues, échantillons, brochures, etc.) et votre argumentaire.

En effet, vos supports de vente doivent également être construits spécifiquement pour votre public cible. Chaque audience mérite sa propre brochure commerciale personnalisée. Chaque préoccupation nécessite une brochure argumentée mettant en avant des produits spécifiques.

Prenons l'exemple de la clientèle hôtelière et de restauration. Quels sont les critères de décision qui convaincront un acheteur d'opter pour vos produits ?

Pour répondre à cette question, il suffit de se pencher sur les préoccupations de votre clientèle cible. Dans le cas d'un directeur d'hôtel, les critères de solidité, d'hygiène, de rangement, de sécurité et de conformité aux normes sont prioritaires.

Notre documentation sera donc présentée de la manière suivante : un catalogue mettant exclusivement en avant des produits destinés à l'hôtellerie, où les liseuses susmentionnées occuperont une place prépondérante.

Ensuite, dans nos arguments, il faudra mettre en avant la résistance du flexible (prêt à résister à toutes les épreuves des utilisateurs), les tests de conformité aux normes anti-incendie (vous n'aurez pas à craindre un incendie dû à une mauvaise connexion électrique ; nous pouvons fournir des certificats de conformité et vous passerez les inspections de sécurité avec brio), ainsi que la durabilité des LED (vous n'aurez pas à gérer des pannes chaque matin) et des finitions.

Pour illustrer tout cela, nous inclurons des photos de mises en situation, devinez où ? Dans des hôtels et des restaurants parisiens (et non pas dans des bibliothèques, des gares ou des villas privées). Une brochure présentée de cette manière démontrera que vous êtes un expert en comprenant les besoins de votre clientèle et en y répondant. Les hôteliers, les chefs de restaurants et les acheteurs de groupes pourront immédiatement se projeter dans l'utilisation des produits.

Vos brochures commerciales doivent être entièrement conçues en pensant à vos différentes catégories de clients. Une brochure par catégorie. Des arguments spécifiques pour chaque catégorie. Des photos spécifiques pour chaque catégorie.

Vous avez défini les différentes typologies de visiteurs attendus lors du salon et les produits que vous allez exposer sur votre stand. Il est maintenant temps de préparer la documentation en conséquence.

## Fiche pratique : A vous de jouer !

1. Identifiez les principales préoccupations de chaque type de visiteur et les arguments commerciaux à mettre en face (par exemple, pour les hôteliers : sécurité, résistance, hygiène).

2. Déterminez le nombre de brochures à produire en fonction du nombre de catégories de visiteurs. De combien en aurez-vous besoin ?

3. Disposez-vous de visuels spécifiques pour chaque catégorie permettant aux visiteurs de s'identifier ? Sinon, répertoriez les visuels manquants à créer.

4. Comment pouvez-vous réaliser ces visuels dans les délais impartis ? Quels professionnels devrez-vous solliciter (photographe, graphiste, etc.) ? Quels sous-traitants devrez-vous impliquer (imprimeurs, etc.) ?

5. Qui, au sein de votre entreprise, peut assumer la responsabilité de la création des nouveaux supports de présentation et gérer le projet ? À qui allez-vous déléguer ces tâches ?

## 2.3   Quelle agencement pour un stand attractif et fonctionnel ?

### 2.3.1 – Prévoir de quoi s'asseoir ou pas ?

**Une équipe en forme est une équipe qui vend**

Une des questions les plus fréquemment posées par mes clients lors de leur formation à la vente sur salon concerne la nécessité de prévoir des sièges sur leur stand. Cette question soulève en réalité plusieurs interrogations sous-jacentes, et la réponse variera en fonction de différents critères tels que la taille du stand, la durée du salon et le choix d'offrir ou non des sièges aux clients.

Comme nous l'avons mentionné précédemment, votre bien-être physique, ainsi que celui de votre équipe, est primordial lors d'un salon. Par conséquent, je vous recommande de ne pas négliger les sièges pour permettre des pauses alternées et des moments de repos, surtout si le salon s'étend sur une longue période.

L'absence d'assises risquerait d'avoir plusieurs conséquences néfastes.

D'une part, cette approche enverrait un message négatif à votre équipe, à savoir : "Je vous interdis de vous asseoir pendant cinq jours, de 9h à 19h, et je ne tiens aucun compte de votre bien-être". Cela risquerait de générer un désengagement et une profonde démotivation de la part de votre équipe envers vous, votre entreprise et la participation à des salons.

D'autre part, cela serait également la meilleure façon d'épuiser vos collaborateurs et de vous retrouver vous-même piégé. J'ai déjà observé des chefs d'entreprise qui passaient leur temps à trouver des excuses pour s'échapper du stand et finalement les retrouver assis à la cafétéria ou carrément dans les allées du salon, complètement épuisés.

Il est donc recommandé, dans la mesure du possible, de prévoir des sièges pour vous et votre équipe. Il n'est pas nécessaire d'en prévoir un par personne, car comme je l'ai mentionné précédemment, il s'agit de se reposer par alternance, uniquement pendant les périodes calmes. Souvent, deux sièges suffisent. Bien entendu, la quantité doit être adaptée en fonction de la taille de votre stand et du nombre de membres de votre équipe.

Idéalement, des chaises avec une hauteur de bar seront parfaites car même lorsque vous êtes assis, vous êtes à la hauteur des passants et avez l'air plus actif ! Tandis qu'assis sur des chaises classiques ou des fauteuils bas vous aurez l'air plus passif et moins présent pour vos visiteurs.

De plus, des tabourets / chaises de bar vous permettent de vous lever et d'en descendre très facilement et rapidement si un visiteur s'approche. Cela donnera une impression de dynamisme à votre posture et à votre approche commerciale.

## Un client assis est un client qui signe

Prévoir des sièges est une chose, prévoir des sièges pour ses visiteurs en est une autre. Dans de nombreuses négociations, il arrive un moment clé où faire asseoir son client est essentiel pour la réussite de la vente.

Une fois que le client est qualifié, son intérêt aiguisé et que le contact est bien établi, il est nécessaire, voire crucial, de poursuivre le processus de vente dans un environnement calme et intime, propice à instaurer la confiance et à apaiser le client. Cela se fera en l'invitant à s'asseoir confortablement de l'autre côté du bureau ou du comptoir, en lui offrant un verre d'eau et en lui permettant de se détendre.

Personne n'aime signer un contrat sur un coin de table, discuter des affaires au milieu d'une allée bruyante ou négocier avec des jambes fatiguées et une gorge assoiffée. Le comptoir offre également un support pour prendre des notes. Trop souvent, j'ai vu des stands sans table ni surface de travail, où les commerciaux et les clients se tordaient pour écrire une information contre une cloison ou en équilibre précaire sur une jambe.

Changer de position, offrir à votre visiteur la possibilité de s'asseoir avec lui marque une étape majeure dans le processus de vente. En effet, chacun accepte implicitement de consacrer du temps à l'autre dans le cadre souvent frénétique d'un salon. Le client s'accorde une pause, signe d'un grand intérêt pour vous et vos produits, le processus d'engagement est enclenché, la relation s'approfondit et la vente est amorcée. Un bon commercial saura saisir cette opportunité et conclure la vente avec succès.

En conclusion, même si vous avez l'impression que prévoir des sièges et un comptoir "mange" de l'espace sur votre stand, en réalité, c'est un atout indispensable pour le succès d'une vente et la conclusion d'un nouveau contrat.

## 2.3.2    Choisir un stand ouvert ou fermé ?

Quel dilemme souvent rencontré par les exposants : faut-il tout montrer avec un stand totalement ouvert ? Risquant ainsi de dévoiler trop d'informations et permettant aux visiteurs de scanner rapidement le stand depuis l'allée, sans s'y arrêter. Parfois, les visiteurs prennent même rapidement une photo de la marque et de l'enseigne (signe d'intérêt), mais ils passent trop vite et trop loin pour que l'exposant puisse avoir une chance de présenter son produit.

Ou faut-il plutôt opter pour un stand fermé, afin de privilégier l'aspect exclusif de l'offre, susciter le mystère et l'intérêt tout en préservant la confidentialité ? Au risque de dissuader une partie des visiteurs de franchir l'entrée, par peur de ne pas être adaptés ou malvenus.

Il n'y a ni bonne ni mauvaise solution, et parfois un compromis peut être la meilleure option : le fameux "suggérer sans tout montrer". En règle générale, voici ce qu'il faudrait privilégier.

**Le Stand Fermé / Caché**

Ce type de stand est à favoriser dans les cas suivants :

1. Lorsqu'il y a une forte concurrence dans votre secteur et que vous souhaitez vous protéger contre l'espionnage industriel d'autres marques.
   Lorsque votre portefeuille clients est solide, et que vos visiteurs sont des clients ou des prospects avec lesquels vous avez déjà rendez-vous. Vous participez au salon dans une stratégie de fidélisation plutôt que dans une stratégie d'acquisition de nouveaux clients.
2. Lorsque les produits présentés relèvent de l'œuvre

d'art, et que vous souhaitez créer une ambiance spécifique et une expérience artistique pour vos visiteurs. Vous pouvez également vouloir protéger vos œuvres contre la copie et créer un dialogue avec les visiteurs afin de lui expliquer l'intention du projet et de l'artiste.

3. Lorsque les produits présentés ont une valeur marchande élevée, et que pour des raisons de sécurité, vous devez avoir un stand fermé qui ne suscite pas les convoitises et qui est facile à surveiller.

**Exemple de Plans de Stands Fermés**

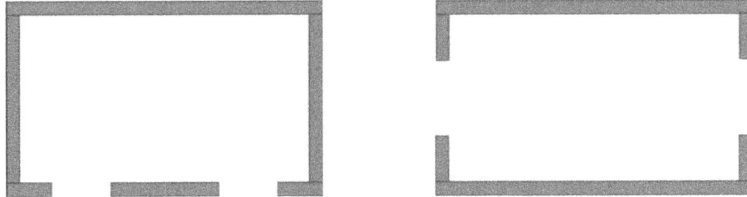

**Le Stand Ouvert**

Le stand ouvert est particulièrement adapté dans les cas suivants :

1. Lorsque vous êtes une nouvelle marque et que votre principal objectif est d'accroître votre notoriété. Votre but premier est d'être découvert, de faire remarquer votre stand et vos produits. Je vous encourage donc à miser sur une mise en scène accrocheuse et audacieuse pour attirer l'attention des visiteurs.

2. Lorsque vous participez pour la première fois à un salon, que votre marque soit déjà connue ou non.

Votre objectif est de créer des contacts et des liens avec un nouveau public ou un nouveau marché que vous découvrez. Dans ce cas, une politique de "porte ouverte" est recommandée afin de maximiser les contacts.

**Exemple de Plans de Stands Ouverts**

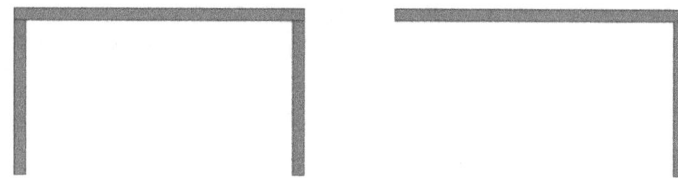

**Le Stand Semi-ouvert / Semi-fermé :**

Si vous en avez la possibilité, ce type de stand peut être très pertinent pour votre activité. L'objectif est de donner un bel aperçu de votre offre depuis l'extérieur tout en invitant les passants à entrer et à découvrir les produits potentiellement disposés derrière une cloison ou dans un recoin.

Beaucoup d'enseignes adoptent ainsi un système de "vitrine" : la cloison ferme leur stand, mais à l'extérieur, un podium filant est créé avec des mises en scène de leurs produits, à la manière d'une vitrine de magasin. Cela produit généralement un effet visuel très attrayant et suscite l'envie d'en voir plus et d'entrer dans l'espace.

L'avantage de cette approche est qu'elle suscite la curiosité du visiteur : depuis l'extérieur, il en voit suffisamment pour être intéressé, et il souhaite entrer pour découvrir la suite du parcours.

Cette stratégie est payante car elle filtre et qualifie automatiquement les visiteurs qui entrent sur votre stand. Ceux qui font l'effort d'entrer ont vu suffisamment pour savoir que votre offre leur plaît : ils ne sont pas entrés par erreur, mais parce qu'ils veulent en savoir plus. Vous avez donc affaire à un visiteur totalement intéressé. À vous de déterminer, grâce à un bon processus de qualification, s'il est intéressant pour votre entreprise.

**Exemple de Plans de Stands Semi Fermés- Semi Ouverts**

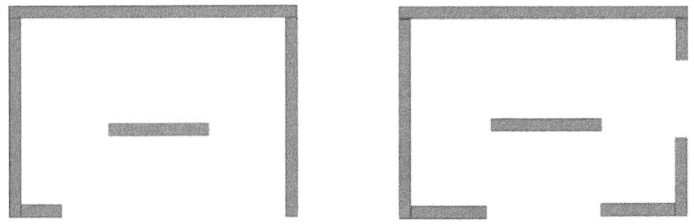

Dans la plupart des cas, les stands ouverts ou semi-ouverts seront à privilégier car ils incitent plus facilement les visiteurs à entrer et à circuler. Si possible, prévoyez plusieurs accès et veillez à ne pas créer de goulot d'étranglement en raison d'un mauvais agencement. Assurez-vous également de ne pas bloquer l'accès ou la visibilité de votre stand avec des meubles ou des objets encombrants.

### 2.3.3   Maintenir un stand impeccable pendant le salon.

Votre stand doit refléter votre image et être impeccablement rangé. Prévoyez donc un sas de rangement pour que toute l'équipe puisse y disposer en toute sécurité ses effets personnels tels que manteaux, sacs et autres paniers repas. Vous y rangerez également le stock de documentation, de papèterie, les produits de nettoyage, les bouteilles d'eau, la machine à café, les gobelets, et autres.

Pour assurer la fonctionnalité de votre stand, équipez-le également d'un meuble comptoir où vous pourrez ranger et cacher à la vue de tous les outils dont vous avez besoin en permanence : catalogues, stylos, agrafeuse, cartes de visite, machine à carte bleue, tablette, etc.

Veillez à ce que ces espaces soient bien organisés et aérés pour faciliter le flux de passage de vos collaborateurs qui vont se croiser fréquemment sur ces zones. Ainsi prévoyez un comptoir suffisamment large pour que plusieurs personnes puissent y travailler en même temps, sans se gêner.

Concernant l'ordre du stand, assurez-vous de briefer votre équipe pour qu'elle le maintienne toujours propre et rangé. Chacun doit ranger et remettre les choses en place après chaque interaction avec un client.

Certains commerciaux ont tendance à ne pas ranger derrière eux, soit parce que cela ne leur passe pas par l'esprit, soit parce qu'ils attendent que d'autres le fassent à leur place. Hélas, ce comportement que j'ai pu constater personnellement à plusieurs occasions, est souvent le fait de la gente masculine.

Lorsqu'une équipe est mixte, les hommes ont parfois tendance à laisser les femmes ranger derrière eux, souvent sans même s'en rendre compte. Votre rôle est donc d'être exemplaire à ce sujet et de faire des rappels...à l'ordre afin de faire cesser... ces habitudes d'un autre âge !

En cas d'affluence soudaine, il est facile pour votre stand de se retrouver en désordre, ressemblant à un village après le passage d'un tsunami : stylos éparpillés, échantillons dispersés, gobelets de café usagés, comptoir submergé, ...etc. Dès que l'occasion se présente, votre équipe et vous-même devaient donc avoir le réflexe de remettre de l'ordre. Cette discipline simple permettra de limiter les dégâts.

Pensez à être un modèle d'exemplarité à ce sujet pour votre équipe, qui naturellement se pliera à la discipline du rangement en vous voyant faire.

## Fiche pratique : A vous de jouer !

1. Imaginez et dessinez différents plans possibles pour votre stand. Ensuite positionnez-y les assises, le sas de rangement et les postes d'accueil (bureau ou comptoir) éventuels.

2. Analysez les avantages et inconvénients de chaque plan. Quelle option vous semble être la plus appropriée ?

3. Où seront les rangements des affaires personnelles de l'équipe ? Les rangements pour la documentation ? Les rangements des outils de bureautique ? Les rangements de la machine à café et autre vaisselle ?

4. Disposez-vous des assises et bureaux/comptoirs ou devez-vous les commander ou les fabriquer ? A qui pouvez-vous confier cette tâche dans votre entreprise ?

# 2.4 - Préparer les cadeaux clients, la technique du goodies.

Le goodies, ringard ? Que nenni ! Le goodies continue de ravir les visiteurs et reste un moyen efficace de laisser une impression durable dans leur esprit tout en bénéficiant d'une publicité à faible coût.

**Le Tote Bag – Transformez vos visiteurs en « homme/femme sandwich »**

Vos visiteurs souhaitent repartir avec de la documentation ? Proposez leurs un tote bag personnalisé pour porter leur chargement ! Ils seront fiers de l'arborer tout en se déplaçant dans les allées du salon, vous offrant ainsi une publicité gratuite.

En fonction de votre notoriété et de vos objectifs, pensez à y imprimer un message percutant décrivant au mieux votre activité ou votre logo. Vous pouvez même utiliser le tote bag pour faire de la publicité directe pendant le salon en indiquant votre numéro de hall et de stand !

Pour un impact visuel encore plus fort, envisagez de proposer des petits chariots en carton à roulettes (si vos moyens le permettent bien entendu). Ces goodies ne manqueront pas de se démarquer dans les allées du salon et d'attirer l'œil des autres visiteurs.

Avec un bon Tote Bag, vous transformez vos clients en véritables ambassadeurs de votre marque !

**Choisir des Goodies efficaces**

Un goodies efficace est avant tout un objet utile pour votre public. Il ne doit pas finir oublié dans un placard ou jeté à la poubelle dès le retour du salon. Assurez-vous également qu'il soit de qualité, car un objet bas de gamme suivra le même destin.

Pour cela, réfléchissez aux besoins et aux usages de vos clients. Par exemple, si vous vendez du bois de charpenterie à des professionnels de la menuiserie, offrez-leur un mètre avec votre logo.

Mieux encore, vous avez un savoir-faire spécifique ? Fabriquez vous-même les goodies dans vos ateliers et marquez les esprits de vos clients avec un objet unique et artisanal qui reflète l'âme de votre entreprise.

De nombreux sites sur internet proposent des goodies et vous donnent des idées de cadeaux à offrir à vos clients. Oubliez les stylos et les carnets de notes classiques, optez plutôt pour des gourdes personnalisées, des cache-webcams à votre logo ou encore des chargeurs de téléphones portables !

Pensez aux nouvelles technologies et aux tendances d'achat pour intégrer les nouveaux usages de vos visiteurs. Offrir des goodies en phase avec les attentes actuelles renforcera l'impact positif sur votre public.

**La Loi de la Réciprocité ou la Stratégie « Don-Requête »**

Selon les propos de Robert Cialdini dans son célèbre livre « Influence et Manipulation », offrir spontanément un présent à quelqu'un, aussi minime soit-il, crée chez la personne qui le reçoit un puissant sentiment de rede-vabilité. « Cette force est suffisante pour produire une réponse positive à une requête qui, sans ce sentiment d'obligation provoqué, aurait été repoussée. »

Ainsi, en extrapolant les travaux de Robert Cialdini, on peut en déduire qu'un visiteur ou un client qui reçoit quelque chose spontanément de votre part (sans avoir encore passé commande donc) se sentira redevable et sera deux fois plus enclin à répondre favorablement à vos demandes. Que ce soit pour convenir d'un ren-dez-vous, échanger des informations sur le business, ou même passer une commande ultérieure.

Le goodies, en plus d'être un excellent objet publicitaire, devient donc un outil efficace pour obtenir des infor-mations ou des actions de la part de vos visiteurs que vous n'auriez peut-être pas obtenues autrement. Il serait dommage de ne pas saisir cette opportunité !

Alors, pensez-y : si vous souhaitez obtenir une informa-tion importante de la part de votre visiteur, qui, pour une raison ou une autre, vous paraît délicate à demander de manière directe, ou à ce stade de la relation (comme un rendez-vous, une mise en relation avec un confrère, des conseils sur une affaire, une demande de partenariat, etc.), offrez-lui d'abord un cadeau, puis posez-lui ensuite votre question. Il est fort probable qu'il vous réponde avec enthousiasme !

## 2.5   Se préparer à prendre des commandes directes sur salon.

Il est surprenant de constater que de nombreux exposants négligent la prise de commande sur leur stand. Imaginez la situation : un client désireux d'acheter se présente et vous pouvez conclure la vente immédiatement. Comment allez-vous réagir ? Comment allez-vous procéder pour prendre sa commande ?

Lorsque j'évoque la prise de commande, je ne parle pas seulement de remplir et faire signer un bon de commande (qui ne sont que des grigris sur un bout de papier). Non, je parle de concrétiser la vente en recevant le paiement du client, qu'il s'agisse d'un acompte ou d'un paiement intégral.

### 2.5.1   Être capable de donner un prix.

La capacité à donner un prix clair est essentielle. Êtes-vous au clair avec vos tarifs et vos différents taux de remises professionnelles ? Serez-vous en mesure d'annoncer un prix précis, ferme et transparent à votre client ? Disposez-vous d'un système tarifaire fluide qui vous permettra de communiquer rapidement un prix définitif sans difficulté et sans vous arracher les cheveux avec votre calculatrice ?

Malheureusement, j'ai souvent observé de nombreux vendeurs s'embrouiller avec les tarifs ou les outils de prises de commande. Ils en arrivent à donner des réponses incertaines telles que "Je reviendrai vers vous plus tard pour le prix du transport" ou "Je dois me renseigner sur la finition spéciale pour vous confirmer le prix. » Tous ces échappatoires ne sont qu'auto-sabotage pour fuir la difficulté immédiate d'une prise de commande trop fastidieuse. Ces hésitations et ces reports d'informations nuiront gravement à la conclusion de la vente : car il faut toujours battre le fer quand il est chaud !

Si êtes incapable de donner un prix, comment voulez-vous vendre en direct ?

Certes, certaines ventes nécessitent une analyse plus approfondie ou une visite sur place, mais dans la majorité des cas, une réponse claire et rapide est possible. Ne vous laissez pas paralyser par de faux problèmes ou des détails techniques mineurs qui n'impactent pas la rentabilité de la vente. Vous pouvez toujours affiner les détails par la suite et vous excuser si vous avez commis une légère erreur dans le chiffrage.

Votre mantra doit être le suivant : prendre le règlement et la signature d'abord, s'excuser et fignoler plus tard !

Pour vous aider à donner un prix précis, envisagez d'établir des grilles tarifaires pour les options spécifiques ou autres frais de transport. Cela vous permettra de fournir un prix approximativement juste sans compromettre votre rentabilité. Car croyez-moi, vous risquez de perdre plus d'argent en laissant filer le client et en proposant de revenir vers lui « ultérieurement » avec un devis pile poil tiré au cordeau, plutôt qu'en omettant 125 euros de transport lors de la vente directe.

Sachez qu'il est essentiel de ne jamais réprimander un commercial qui a conclu une vente à chaud sous prétexte qu'il aurait omis de chiffrer une option lors de la transaction. En réalité, c'est lui qui a raison (et donc vous qui auriez tort).

Le commercial a accompli sa mission en concluant la vente et en atteignant l'objectif fixé ! Il mérite donc d'être félicité chaleureusement pour le bon travail accompli. Accueillez-le avec un sourire, servez-lui un café et évitez de lui faire des remarques désobligeantes. Sinon, devinez quoi ? Il risque de ne plus jamais conclure de vente directe, par peur de "se tromper" dans la précipitation et de devoir supporter vos critiques inappropriées. En conséquence, vous risquez de perdre des opportunités de vente et donc de l'argent !

Alors, adoptez plutôt une approche bienveillante envers vos commerciaux qui réussissent, car cela les motivera à atteindre encore plus d'excellents résultats pour votre entreprise. Célébrez leurs succès et encouragez-les à continuer à exceller dans leur travail.

## 2.5.2  Être en mesure de prendre l'argent.

Vous pourriez trouver cette question étrange, mais elle aborde un sujet à la fois psychologique et pratique : Savez-vous prendre l'argent du client ?

**La Barrière Psychologique**

Vous pourriez penser : « Bien sûr, notre objectif est de vendre ». Cependant, êtes-vous réellement certains que lorsque qu'un client manifeste un fort intérêt, vous réussirez à le conduire activement et consciemment vers la prise de commande et le paiement ?

La première barrière pour concrétiser une vente réside principalement dans le domaine psychologique. Prendre l'argent et conclure une vente peut susciter une appréhension pour ceux qui ne sont pas habitués à l'exercice commercial.

Ressentez-vous parfois une certaine culpabilité à l'idée de recevoir de l'argent ? Vous sentez-vous comme un imposteur, pensant que vous ne méritez pas vraiment d'encaisser l'argent du visiteur ?

Il est important de surmonter rapidement ces freins psychologiques, qu'ils soient conscients ou inconscients. Vous ne volez pas le client, vous lui proposez une solution à ses problèmes pour lesquels vous avez travaillé avec acharnement. Vous méritez pleinement d'être récompensé financièrement pour vos efforts.

Cette appréhension est souvent plus marquée chez les jeunes entrepreneurs ou les vendeurs qui souffrent parfois du syndrome de l'imposteur et doutent de leur légitimité pour percevoir l'argent du client. Avec l'expérience, ces sentiments s'estompent, mais il est important de prendre conscience de cette appréhension, de ne pas en avoir peur, de l'accepter et d'apprendre à la gérer.

Il faudra vous pousser un peu au début, mais il existe des phrases clés qui vous aideront à conclure une vente et à guider le client vers son achat. Nous les aborderons dans la deuxième partie du livre.

Si cela peut vous aider, considérez que l'argent est la manière dont votre client vous exprime sa reconnaissance. Vous vous sentirez immédiatement plus à l'aise. Remplacez le terme « euros » par « merci » dans votre esprit au moment où vous annoncez le prix et demandez le paiement.

"Ainsi, le total s'élève à 3 645 (merci) euros".

## La Barrière Pratique

Une seconde barrière importante pour prendre l'argent est d'ordre pratique.

Lors de mes participations à des salons, j'ai constaté que des chefs d'entreprises et des vendeurs laissaient littéralement partir des clients simplement parce qu'ils n'avaient pas prévu de moyen de paiement par carte sur leur stand.

Ils se contentaient de proposer au client de régler après le salon : Grave erreur ! Dans la plupart des cas, après le salon, l'enthousiasme du visiteur aura diminué, ou il aura déjà dépensé son budget sur d'autres stands. Vous aurez ainsi perdu une vente qui aurait pu être conclue immédiatement si vous aviez disposé des bons outils d'encaissement.

Nous sommes au 21ème siècle, et il n'y a aucune excuse pour ne pas être équipé pour accepter les paiements par carte sur votre stand. De nos jours, il existe des appareils de paiement par carte bancaire nomades, tels que Sum Up*, qui se connectent au réseau wifi du salon ou à la 4G et permettent à vos clients de régler simplement.

En conclusion, je ne peux insister que sur une chose : "Prendre l'argent d'abord". Cette phrase doit devenir votre mantra et celui de votre équipe. Cela vous permettra de conclure davantage de ventes et d'assurer le succès de votre participation aux salons.

### 2.5.3    Savoir enregistrer une commande.

Ça y est ! Le client est décidé, vous avez réussi à le convaincre de passer sa commande ? Et maintenant ?

Malgré l'excitation de remporter une vente, vous pourriez perdre vos moyens au moment le plus crucial : prendre l'argent et faire signer un bon de commande.

Il est donc essentiel que le processus de prise de commande soit parfaitement rodé en amont de votre salon. Une prise de commande complète inclut tous les éléments suivants :

**Le remplissage d'un bon de commande**

Idéalement, la prise de commande devrait se faire en position assise, permettant ainsi de consacrer le temps nécessaire pour examiner attentivement tous les besoins du client et lui proposer des produits complémentaires. Cette approche implique également le client psychologiquement dans le processus de vente, car une commande importante est toujours finalisée en étant assis. Etes-vous déjà allé acheter un bijou de haute valeur ou une voiture sans que l'on vos fasse asseoir ? Certainement pas.

Si vous ne disposez pas d'un bon de commande en bonne et due forme, vous ne pourrez pas prendre de commande ferme. Le moyen le plus simple pour un salon reste l'utilisation des traditionnels bons de commande avec duplicata, que l'on remplit au stylo. C'est idéal car en donnant une copie au client, il aura vraiment l'impression d'avoir effectué un achat concret.

Vous avez également la possibilité de prendre vos commandes sur ordinateur, à condition d'être à l'aise avec l'outil. Toutefois, il y a un risque élevé de confusion dans un fichier Excel mal organisé ou dans un logiciel de commande aux références trop nombreuses. De plus, le format numérique ne permet pas de remettre physiquement le bon de commande au client, sauf si vous disposez d'une imprimante sur le stand. Or la remise d'un bon de commande papier a le gros avantage que vous pourrez le faire signer par le client.

Symboliquement, il est en effet très important de conclure le processus de vente en faisant signer le bon de commande et en remettant une copie au client. Un document officiel, signé et tangible laissera une empreinte mémorable chez l'acheteur qui se souviendra de son engagement envers vous. Ne sous-estimez pas l'importance du symbole qui marque toujours le passage d'une étape et la prise d'un engagement dans une vie !

**Le paiement d'un acompte**

Après l'euphorie du salon et la visite de multiples stands, de nombreux visiteurs professionnels, de retour au bureau, reconsidèrent leurs commandes et en annulent une partie. Les raisons peuvent être diverses : ils ont surestimé leur budget, ont découvert de meilleures offres chez d'autres exposants, ou simplement changé d'avis. Ils vous appellent ou vous écrivent alors pour annuler leur commande.

Cependant, voici une astuce : plus vous réussirez à impliquer le client dès le moment de la vente, en obtenant sa signature sur un bon de commande, en encaissant un acompte et en faisant signer des conditions générales de vente, moins il sera enclin à annuler sa commande. Le fait d'avoir pris ces engagements lors de l'achat rendra la rétractation plus difficile chez vous, poussant le client à annuler auprès d'un stand concurrent où il n'a pas ressenti autant d'engagement et où la démarche d'annulation semble plus aisée.

Attention, il est essentiel de nuancer cette approche. Je ne suggère pas de refuser systématiquement toute annulation en vous protégeant par des règles strictes. Cela pourrait nuire à l'image de votre entreprise et à la relation avec le client. Je souligne simplement qu'en général, on a tendance à annuler des engagements pris avec moins d'investissement, surtout s'il n'y a pas eu d'échange financier.

C'est pourquoi il est important de demander un paiement à la commande, ou du moins de percevoir un acompte. Le fait que le client ait déboursé de l'argent le lie financièrement à la transaction, et ainsi, les risques d'annulation sont moindres après le salon.

**Les fameuses Conditions Générales de Ventes (CGV)**

Cela nous amène naturellement au sujet crucial de l'établissement de conditions générales de vente (CGV). Avez-vous des CGV bien établies qui prévoient clairement le cas d'une éventuelle annulation de commande par exemple ? En cas d'annulation, avez-vous défini les modalités de remboursement de l'acompte du client ? Sous quel délai et pour quel motif êtes-vous disposé à accepter une annulation de commande ?

Permettez-moi de partager avec vous un exemple désastreux que j'ai vécu lors d'un salon. Ce désastre résultait d'un flottement complet en termes de CGV du côté de l'exposant.

Mon client, un galeriste, vendait sur son stand une œuvre d'art unique affichée au prix de 30 000 euros. Dès le premier jour du salon, un collectionneur enthousiaste et connaisseur reconnait le style de l'artiste renommé et décide de passer commande pour réserver la pièce.

Un bon de commande est édité, signé et un acompte de 10 000 euros est réglé par carte directement (oui, nous n'avons pas le même type de carte bancaire que ce client, je vous l'accorde !). Jusque-là, la procédure est impeccable. La vente est gagnée, l'exposant exulte et se réjouit d'un si bon démarrage de salon. Il met la pièce de côté pour son client et poursuit les quatre jours de salon restants.

Malheureusement, vous l'aurez deviné, un changement radical de situation se produit. Le dernier jour du salon, le client, sous des prétextes fallacieux, envoie un mail demandant l'annulation de sa commande et le remboursement de son acompte.

Avez-vous deviné la suite ? Le galeriste s'est vu contraint de lui rembourser l'acompte !

En effet, lors de la vente et de la signature de la commande, aucune mention n'a été faite des conditions générales de vente. En réalité, aucune CGV n'avait été rédigée par le galeriste et attachée au bon de commande. Le galeriste n'avait d'ailleurs jamais envisagé de créer des CGV.

Du point de vue du galeriste, il semblait logique que, s'agissant d'une pièce unique, l'acompte faisait office de réservation et de garantie pour lui et son client. Le passage de commande impliquait tacitement que la pièce serait mise de côté et ne serait pas vendue à un autre visiteur. Cependant, cet accord tacite de bonne foi n'avait aucune légitimité légale puisqu'aucun écrit, notamment des CGV, n'y faisait référence.

Le client a bien senti la faille de l'absence de clauses du contrat et s'est vu rembourser les 10 000 euros par le galeriste qui ne souhaitait pas entrer dans un litige.

En plus de perdre l'acompte, cette mésaventure a eu un coût d'opportunité de 30 000 euros pour le galeriste. En effet, un autre acheteur aurait pu commander la pièce si elle n'avait pas été réservée pendant les quatre jours restants du salon !

J'espère que cet exemple vous montre à quel point il est primordial d'évoquer les CGV avec votre client lors d'une vente et de les faire signer au moment de l'achat. Cela évitera de futurs malentendus, préservera vos intérêts et renforcera la confiance avec vos clients.

### 2.5.4   Proposer une offre spéciale salon.

Vous désirez enregistrer un maximum de commandes pendant le salon et tirer parti de cette dynamique avant que les clients ne rentrent chez eux, réfléchissent trop longtemps, et se détournent vers d'autres opportunités ?

La technique de la promotion spéciale salon est faite pour vous ! Et ne vous méprenez pas, cette méthode reste efficace et pertinente pour inciter les clients à passer commande avant la fin du salon.

Cependant, il est essentiel que cette offre soit authentique. Les temps où les prix étaient artificiellement gonflés pour permettre des remises attrayantes mais fictives sont révolus. De nos jours, avec la facilité d'accès à l'information via Internet, les clients peuvent rapidement comparer les prix et s'informer sur vos tarifs annuels, c'est-à-dire ceux pratiqués en dehors du salon !

Permettez-moi de faire une digression à ce sujet. Il est important de souligner que de telles pratiques malhonnêtes ont contribué à forger, pendant des années, la mauvaise réputation des métiers de la vente. Vous vous demandez peut-être pourquoi certaines personnes se montrent agressives envers les vendeurs et les commerciaux, même si elles sont intéressées par leurs produits ? Cela s'explique simplement par l'idée ancrée dans leur inconscient que vendeur équivaut à potentiel arnaqueur et est synonyme de danger. Leur cerveau reptilien s'active et le mode auto-défense se déclenche chez des personnes qui pourtant, sont d'habitude polies et courtoises.

Je me bats depuis des années pour réhabiliter les métiers de la vente et leur redonner la place et la considération qu'ils méritent. La vente requiert de nombreuses compétences techniques et des qualités humaines telles que l'empathie, la ténacité, le courage, la psychologie, l'écoute, la serviabilité, et bien d'autres encore. Sans vendeur, aucune entreprise ne peut prospérer. Les commerciaux constituent la clé de voûte de toute société et doivent donc être au cœur des priorités budgétaires, salariales, stratégiques et humaines de chaque dirigeant d'entreprise.

Revenons maintenant à notre opération commerciale. L'idée ici est de proposer une réduction réelle, impliquant un véritable effort de marge de votre part et cela afin de stimuler des ventes directes.

Vos clients habituels, qui connaissent vos tarifs et vos remises habituelles, remarqueront cette offre spéciale et en profiteront pour renouveler leurs stocks et les remplir à bloc lors du salon. Quant aux prospects, l'urgence de profiter de cette remise les incitera plus facilement et rapidement à prendre une décision et à passer commande.

Attention toutefois : soyez inflexible sur la date d'expiration de votre offre spéciale salon (généralement celle-ci se termine à la fin du salon ou dans les quelques jours qui suivent). Plus votre effort pour offrir une réduction réelle sera important, plus il sera aisé de tenir cette résolution. Lorsque l'offre arrivera à expiration, il vous faudra résister face à un client indécis qui reviendrait plus tard pour passer sa commande en exigeant les mêmes conditions. Dans ce cas, ne cédez pas et ne faites pas d'exception !

Expliquez à l'acheteur que les prochaines promotions auront lieu lors du prochain salon l'année prochaine, et qu'il devra patienter pour en profiter à nouveau.

Croyez-moi, il est fort probable que votre client passe tout de même sa commande, comprenant que c'est lui qui a raté le coche. Par ailleurs, il sera le premier à répondre présent l'année prochaine pour passer sa commande sur votre stand, car il ne fera pas deux fois la même erreur !

Et si jamais cela signifie de perdre cette commande, alors acceptez de la perdre. Vous perdez une bataille, mais vous vous assurez de gagner la guerre. Si vous n'êtes pas en accord avec vos principes, vous risquez de vous tirer une balle dans le pied et de vous décrédibiliser aux yeux du client.

Celui-ci pensera : "Ce n'est donc pas vraiment une offre salon, je peux obtenir cette remise à n'importe quel moment, il me suffit de la réclamer et de mettre la pression". D'autre part, ce type de client est souvent enclin à partager son expérience avec d'autres clients en se vantant : "Vous savez, j'ai acheté trois semaines après le salon et ils m'ont quand même fait la remise, il suffisait que je réclame un peu !"

Accepter de céder sur les conditions de l'offre, c'est créer vous-même un trou dans la pomme pour y glisser le ver. Vous voyez ?

## Fiche pratique : A vous de jouer !

**Anticipez vos freins psychologiques à la prise de commande :**

1. Quelles raisons pourraient vous rendre hésitant ou nerveux à prendre une commande ? Identifiez ces barrières mentales potentielles.

2. Quels prétextes pourriez-vous utiliser pour éviter de conclure une vente immédiatement ? Comment pourriez-vous sans le vouloir, saboter vos opportunités de vente ?

**Clarifiez vos prix :**

3. Quels sont les obstacles qui pourraient vous empêcher de donner un prix ferme et immédiat pendant le salon ?

4. Comment pouvez-vous surmonter ces difficultés et réussir à communiquer le prix directement ? Pourriez-vous préparer des fourchettes de prix en fonction des finitions, des zones d'exportation ou d'autres facteurs pour fournir un prix rapidement ?

5. Serait-il possible de simplifier vos grilles tarifaires pour les rendre plus pratiques d'utilisation pour votre équipe commerciale ?

**Préparez un bon de commande :**

6. Disposez-vous déjà d'un modèle de bon de commande ou devez-vous en créer un spécialement pour le salon ? Envisagez-vous d'imprimer à l'avance des bons de commande papier ou d'acheter un bloc tout prêt en papeterie ? Ou peut-être prévoyez-vous plutôt de les saisir sur un ordinateur et de les imprimer sur place ?

7. Concevez le bon de commande idéal : quels champs doivent être inclus ? Quelles informations doivent être inscrites (adresse de facturation, de livraison, etc.) ? Quelles colonnes devraient être créées pour faciliter l'enregistrement des commandes ?

**Préparez la prise de règlement :**

8. Quel montant devez-vous demander à votre client pour enregistrer sa commande ? Envisagez-vous de réclamer un acompte (et si oui, à quel pourcentage) ou préférez-vous un règlement complet ?

9. Comment prévoyez-vous de recevoir le règlement ? Disposez-vous d'un appareil à carte bancaire ou allez-vous devoir en acheter un ? Acceptez-vous les paiements par chèque ou en espèces ?

**Etablir des Conditions Générales de Vente :**

10. Avez-vous des CGV à mettre en place ? Sur quels points devez-vous être vigilant ? Quels sont les litiges ou malentendus fréquents dans votre secteur d'activité ? Quels points devraient être clarifiés et encadrés dès la prise de commande avec le client ?

11. Où allez-vous écrire ces CGV et comment allez-vous les remettre à votre client ? Seront-elles sur un document séparé à joindre à la commande ? Les mentionnerez-vous au dos du bon de commande ? Avez-vous l'intention de les faire signer en plus du bon de commande ? Ou allez-vous indiquer sur votre bon de commande l'acceptation automatique des CGV jointes ?

**Etablir un protocole d'enregistrement de commande :**

12. Décrivez chaque étape du processus de prise de commande en détail. L'objectif est de s'assurer qu'il n'y ait aucun flottement au moment de la prise de commande et que le processus soit clair et identique pour toute votre équipe de vente.

Comment allez-vous procéder concrètement à chaque étape ? Quels documents ou formulaires seront utilisés ? Comment assurerez-vous que tout le processus soit suivi de manière cohérente ?

*Par exemple :*

1. *Remplir le bon de commande papier*
2. *Calculer et demander le règlement immédiat de l'acompte de 40%*
3. *Prendre le règlement de l'acompte par CB ou espèce*
4. *Indiquer le montant de l'acompte réglé et le mode de règlement sur le bon de commande*
5. *Evoquer oralement les CGV jointes : notamment les conditions d'annulation*
6. *Faire signer le bon de commande par le client du bon de commande*
7. *Faire une copie du bon de commande et le garder pour l'entreprise*
8. *Remettre au client le bon de commande original dans une enveloppe institutionnelle et en joignant une carte de visite*

A vous :

1.


2.


3.

4.

5.

6.

7.

8.

# 2.6   Bien communiquer sur la participation au salon.

Vous participez au salon et l'angoisse monte déjà... au-rons-nous beaucoup de visiteurs ? Les contacts qualifiés seront-ils au rendez-vous ?

Même si le nombre de visiteurs et leur qualité dépendent en grande partie de l'organisation du salon et de la com-munication faite autour de l'événement, n'oubliez pas que vous avez également un rôle à jouer.

Vous pouvez intervenir à votre échelle pour communi-quer autour de votre participation au salon et attirer le public que vous souhaitez rencontrer. Pour cela, rien de plus simple : servez-vous de votre base de données clients et prospects et communiquez auprès d'elle.

Comment ? Voici quelques outils extrêmement simples à activer.

## 2.6.1   Envoyer une séquence d'e-mailing avant le salon.

Votre base de données clients et prospects est une mine d'or. Cependant, trop souvent, vous la sous-exploi-tez pour diverses raisons : absence d'un CRM efficace, manque de discipline dans les mises à jour, insuffisante segmentation et manque d'informations !

Il est indispensable de faire fructifier les graines que vous avez déjà semées avant d'envisager d'en semer de nouvelles lors du salon. En effet, avant de conquérir de nouveaux marchés et d'acquérir de nouveaux leads, il est essentiel d'entretenir votre fonds de clientèle, de rester présent dans l'esprit de vos contacts et de communiquer régulièrement avec eux afin de créer une relation qui les fidélisera.

Il est donc naturel de les informer de votre participation au salon et de les inciter à vous rendre visite sur votre stand.

Vous interagissez principalement par mail et téléphone avec vos contacts : Le salon offre une occasion idéale pour mettre des visages sur des noms et établir de véritables rapports humains avec eux !

Il faut donc les inciter au maximum à vous rendre visite sur votre stand en les informant en premier lieu de votre participation au salon. Pour cela, je vous recommande d'envoyer plusieurs e-mails à intervalles réguliers avant le salon : c'est ce que l'on appelle une « séquence d'e-mails ».

Voici le rythme que je vous suggère :

1er e-mail : 1 mois avant l'événement

2ème e-mail : 7 jours ouvrés avant l'événement (soit environ 9 jours)

3ème et dernier e-mail : 3 jours avant l'événement"

La même séquence d'e-mails doit être envoyée à vos prospects. Le salon est l'occasion rêvée pour eux (et pour vous) de découvrir vos produits "en vrai" et de vous rencontrer.

Bien sûr, ce scénario idéal ne se réalisera que dans un petit nombre de cas, mais il suffit de peu, et de quelques nouveaux clients, pour changer la donne en termes de chiffre d'affaires. De plus, les prospects qui ne viendront pas cette fois-ci pourraient être intéressés à l'avenir si vous continuez à participer au salon les années suivantes et maintenez vos efforts de communication à leur égard.

Gardez en tête que Rome ne s'est pas construite en un jour, mais il ne tient qu'à vous de poser la première pierre, ainsi que toutes celles qui seront nécessaires pour atteindre vos objectifs.

Pour l'envoi de vos e-mails, divers services d'autorépondeurs existent, et ils vous permettront d'intégrer votre base de données et de gérer facilement vos envois en masse.

Voici mes préférés :

Hunter.io : Hunter.io ne permet pas de réaliser des mises en forme élaborées mais possède le grand avantage d'échelonner l'envoi de votre campagne d'e-mailing sur plusieurs jours. Cela évite que votre adresse e-mail soit considérée comme du spam par les messageries de vos clients. Il va sans dire que le premier objectif de votre mail est de ne pas tomber dans les spams de vos contacts ! Hunter.io vous permettra donc d'obtenir un très bon taux d'ouverture.

Sendinblue : Ce site français a un très bon rapport qualité / prix compte tenu du nombre de contact que vous pouvez y importer (différents abonnements sont disponibles selon vos besoins). Il permet des mises en forme professionnelle et abouties.

Mailchimp : C'est un peu le "Rolls" des autorépondeurs, mais le prix devient vite exorbitant si vous dépassez plusieurs milliers de contacts (ce qui arrive très vite !). Si vous n'avez pas de problème de budget, n'hésitez pas à l'utiliser.

Chacun de ces systèmes propose différents types d'abonnements qui vous donneront accès aux statistiques après envoi : nombre de messages livrés, taux d'ouverture, taux de clics, informations sur les contacts qui ont ouvert et cliqué, etc. À noter qu'un bon taux d'ouverture se situe généralement autour de 30% !

### 2.6.2 Offrir des invitations au salon.

Beaucoup de salons offrent à leurs participants quelques entrées gratuites ou à des tarifs avantageux afin qu'ils puissent en faire profiter leurs propres clients. Saisissez cette opportunité pour communiquer sur votre participation, mais veillez à distribuer ces précieuses invitations de manière réfléchie !

En effet, il serait maladroit d'envoyer ces invitations par e-mail à quelques clients sélectionnés par vos soins sans qu'ils en aient exprimé le souhait. Ce serait un véritable coup d'épée dans l'eau : les personnes à qui vous enverrez des invitations non sollicitées ne prendront bien souvent même pas la peine de vous répondre pour vous remercier, et elles n'ont peut-être pas du tout l'intention de se rendre au salon.

Si vous disposez d'invitations, les attribuer au hasard sans tenir compte de l'intérêt de vos clients serait donc une perte de temps et d'opportunité.

Au lieu de cela, utilisez plutôt votre séquence d'e-mails pour faire savoir que vous pouvez offrir des entrées. Intégrez dans votre message une phrase ou un bouton d'appel à l'action pour les intéressés. Par exemple : "Nous disposons d'un nombre limité d'invitations pour nos clients. Si vous êtes intéressés, faites-le nous savoir en répondant à ce mail / en nous écrivant à invitation@societe.com."

Il est important de bien préciser que le nombre d'invitations est limité car cela créera un sentiment d'urgence et de rareté chez vos contacts. Les personnes susceptibles d'être intéressées s'empresseront de répondre.

L'intérêt de cette stratégie réside dans le fait que vos contacts, s'ils sont intéressés, devront se manifester en se montrant proactifs. Cette action les engagera envers vous et vous augmenterez vos chances de les voir venir sur votre stand lors du salon.

Prenez soin de noter les personnes qui ont demandé des invitations et pensez à les appeler avant le salon pour leur signifier combien vous avez hâte de les rencontrer. Veillez également à noter, après le salon, celles qui ne se sont pas manifestées malgré les invitations envoyées. Ainsi, vous ne referez plus la même erreur l'année prochaine.

Que faire si un contact que vous ne trouvez pas intéressant demande une invitation et que vous ne souhaitez pas en gaspiller ? Répondez-lui tout simplement que toutes les invitations ont été distribuées !

### 2.6.3 Communiquer dans sa signature de mail.

Vous voulez faire savoir à tous vos contacts actifs que vous participez au salon de manière simple et efficace ? Ajoutez tout simplement une ligne en ce sens dans la signature de mail de chaque collaborateur (y compris Marie de la compta !) quelques semaines avant l'événement.

Imaginez le nombre de personnes que vous toucherez par cette simple astuce ! La taille de votre entreprise et la variété de vos destinataires sont peut-être incalculables, mais une chose est sûre : ce biais de communication est redoutablement efficace, pour un coût quasiment nul.

Le message à insérer sous la signature est simple : **« Retrouvez-nous sur NOM DU SALON, du 5 au 10 avril, stand C310 Hall4 ».** Assurez-vous qu'il soit écrit dans une police de couleur distinctive ou accompagné du logo du salon pour accrocher immédiatement l'œil du destinataire.

Votre responsable informatique peut mettre cela en place en un rien de temps. Pas de responsable informatique dans votre équipe ? Créez vous-même un modèle et envoyez-le dans un mail général à tous vos collaborateurs. Demandez-leur de l'intégrer à leur propre signature et vérifiez quelques jours plus tard que tout le monde a bien suivi les consignes.

Une fois le salon terminé, n'oubliez pas de remettre en place les anciennes signatures.

### 2.6.4    Publier sur les réseaux sociaux.

Les salons offrent une opportunité exceptionnelle de communiquer efficacement avec votre audience sur les réseaux sociaux. Ils regorgent de contenus captivants, à condition d'être bien préparé et méthodique dans votre approche.

Durant tout l'événement, soyez un as de la photo et de la vidéo ! Capturez chaque instant avant, pendant et après le salon : les préparatifs en atelier, l'installation du stand, les équipes, les produits, les visiteurs... Chaque étape est une occasion de publication multiple sur vos réseaux sociaux.

**Avant l'événement**

En amont de l'événement, votre but est de « teaser » votre auditorat et de marquer la date de l'événement dans son esprit. A ce stade, vous ne pouvez montrer que les préparatifs du salon : un produit en train d'être fabriqué en usine, le chargement du camion, le montage du stand, de l'installation des produits...

Ne montrer surtout pas la version finie des nouveaux produits. A ce stade, vous en êtes à la bande annonce : veillez à ne donner que de petits aperçus des nouveautés ! Il ne faut surtout pas « spoiler » le film, en montrant la partie principale.

L'idée est donc de suggérer sans tout dévoiler. L'objectif des publications « avant-salon » est donc d'éveiller l'intérêt de votre audience et de l'informer sur l'événement en rappelant les dates du salon et le numéro de votre stand.

## Pendant le salon

Durant le salon, l'objectif de vos publications sera de convaincre votre audience de faire le déplacement. Filmez vos équipes sur le stand, partagez l'ambiance de l'événement. Montrez progressivement vos produits, mais seulement partiellement ou rapidement afin de maintenir la curiosité.

Votre audience doit comprendre qu'elle manquera une expérience unique si elle ne fait pas le déplacement. Misez sur la « peur de manquer quelque chose » (« fear of missing out » en anglais). En l'occurrence un événement professionnel majeur dans votre industrie et l'occasion rare de voir vos produits et de vous rencontrer. Grâce à vos posts, vous en déciderez certains à se déplacer !

## Après l'événement

Le salon étant terminé, il s'agit désormais de mettre en avant vos nouveaux produits auprès de toute votre audience : ceux qui ont assisté au salon (pour rester dans leur mémoire) et les autres (pour les informer en détail et à distance).

Présentez des visuels et des détails de vos nouveautés. Décrivez-en les usages et fonctionnalités principales. Encouragez votre public à vous contacter pour en savoir plus, c'est-à-dire pour recevoir les fiches techniques, les tarifs ou un devis !

# Partie 3

# Comment choisir son équipe sur le salon ? L'art de savoir bien s'entourer.

*« Travailler dur pour quelque chose que nous aimons est appelé passion. Mais travailler dur seul peut mener à l'épuisement. C'est pourquoi il est important de bâtir une équipe de personnes qui partagent votre passion, votre vision et votre engagement pour vous aider à atteindre vos objectifs et à maintenir votre motivation. »*

**Simon Sinek**

## 3.1   Prévoir une équipe en nombre suffisant.

Comme vous avez sans doute remarqué, si vous avez déjà tenu un stand sur un salon, les visiteurs arrivent souvent par vagues. Vous pouvez passer deux heures sans personne dans les allées, puis soudain, un afflux de visiteurs déferle sur votre stand, vous submergeant d'un coup : voilà que vous ne savez plus où donner de la tête !

La pression monte, vous essayez de renseigner un visiteur tout en gardant un œil sur les autres, craignant de manquer des renseignements importants. Vous vous précipitez dans votre discours, remettez des documents et vous débarrassez rapidement de votre visiteur pour passer au suivant.

Ce genre de scénario peut être évité, ou du moins réduit, si vous vous assurez d'avoir suffisamment de commerciaux et vendeurs sur votre stand. En étant sous-effectif, vous risquez de perdre des prospects, c'est-à-dire des clients potentiels qui ne voudront pas attendre que vous ayez fini avec le visiteur précédent. Ils prendront simplement un flyer ou votre carte sans que vous ayez eu le temps de les aborder.

Sur un salon, les acheteurs ont souvent un parcours chronométré et précis. Ils ont une liste de fournisseurs à visiter en priorité et peuvent s'arrêter par hasard sur un stand qui leur semble intéressant pour les affaires. Si leur découverte ne suscite pas d'urgence immédiate, ils prendront une carte « au cas où », le « moment venu » et pour « regarder plus tard » « tranquillement au bureau ».

Devinez quoi ? A la fin du salon, ils auront accumulé tellement de documentation et de commandes qu'ils risquent d'oublier votre flyer qui finira au mieux, dans une pile et au pire, dans une corbeille.

Pour ces raisons, il est essentiel que chaque visiteur soit accueilli par un membre de votre équipe. C'est la première étape essentielle qui ouvrira la voie aux étapes suivantes de qualification et d'identification des besoins. C'est cette interaction humaine qui vous permettra, en fin de compte, de transformer un simple visiteur en client dans les meilleurs délais. Si cette première approche humaine n'a pas lieu, ou si vous ne mettez pas les moyens pour qu'elle se fasse, cela signifie que vous choisissez de ne pas exploiter pleinement le potentiel de votre salon.

## 3.2    Les dangers de faire un salon tout seul.

Je constate fréquemment que certains patrons de petites entreprises choisissent d'être seuls sur leur stand lors d'un salon professionnel, soit par souci d'économie, soit par manque de personnel.

Laissez-moi vous expliquer pourquoi cette décision constitue une grave erreur, en plus de toutes les raisons évoquées précédemment. Si vous n'êtes pas encore convaincu, cela devrait finir de vous persuader.

Tout d'abord, un salon est très exigeant tant sur le plan physique que psychologique. Vous devrez assurer sur la durée, pendant plusieurs jours, dans un cadre souvent peu confortable et sur des plages horaires étendues.

Choisir d'être seul, dans ce contexte, est la meilleure façon de s'épuiser, tant physiquement que mentalement. Pour donner le meilleur de vous-même à vos visiteurs vous devez ménager vos forces.

Car dites-vous bien que dès le premier jour du salon, vous serez déjà fatigué, même si l'adrénaline vous permettra de tenir. En effet, vous aurez sans doute été présent la veille pour l'installation du stand, vous aurez probablement effectué un long trajet, vous serez stressé et la nuit passée à l'hôtel ne vous aura pas permis de bénéficier de vos huit heures de sommeil habituels

Or, un salon professionnel est un moment crucial pour votre entreprise et son développement : optez pour être au meilleur de votre forme et présents à 100%. Entourez-vous donc d'une équipe de confiance, en nombre suffisant, qui saura vous soutenir, vous soulager et prendre le relais.

J'ai une dernière chose à ajouter pour les petits patrons qui veulent être seul sur le stand :  comment prévoyez-vous de gérer les pauses pipi et déjeuner ? Si vous êtes seul sur votre stand, cela signifie que votre stand sera seul également pendant vos pauses.

Vous pourriez me répondre que vous avez l'intention d'engloutir rapidement un sandwich sur votre stand. Cependant, permettez-moi de souligner que cela manque terriblement d'élégance, et personne n'a envie de déranger un petit chef d'entreprise courageux qui se retrouve contraint de manger son repas derrière son comptoir.

En agissant ainsi, vous risquez de faire fuir vos visiteurs et de donner une image misérable de votre société. Préféreriez-vous vous absenter une petite demi-heure pour déjeuner ? Sachez que c'est le meilleur moyen de rater LE client du jour !

Pour préserver votre image professionnelle et maximiser vos chances de succès, veillez à être accompagné et soutenu par une équipe suffisamment nombreuse pour préserver votre forme et celle de vos collaborateurs.

Les économies de budget ne doivent absolument pas se faire à ce poste, car vous risquez de perdre bien plus que vous ne pourriez gagner. Si vous envisagez de réduire des dépenses, il serait plus judicieux de chercher du côté de vos dépenses de communication. En général, vous trouverez toujours une dépense réalisée par égo, souvent un poste où les retours mesurables sur investissement sont difficiles à obtenir. Vous avez mis le doigt dessus ? Alors, coupez ! (La dépense... pas le doigt !)

Bien sûr, vous pourriez vous demander où trouver la bonne équipe si vous travaillez en solo ou si vos employés ne sont pas des commerciaux. C'est précisément ce que nous allons explorer dans les chapitres suivants.

## 3.3   S'entourer d'une équipe professionnelle.

A ce stade, j'ai normalement réussi à vous convaincre de ne pas être seul sur votre stand ou d'étoffer vos équipes de vente pour veiller à l'accueil de chaque visiteur dans de bonnes conditions.

Un problème risque de se présenter : vous manquez de personnel de vente, et ne savez pas à qui vous adresser pour vous épauler et renforcer l'équipe au moment du salon. Voyons quelles options vous pouvez envisager pour le résoudre.

### 3.3.1    L'Appel à un Ami.

Vous en êtes logiquement arrivé à la conclusion que vous allez demander à un ami, à une personne de votre atelier ou à un assistant administratif de vous aider.

Cependant, voici le problème : Ces personnes ne sont pas à l'aise pour accueillir les visiteurs et jouer le rôle de "vendeur". De plus, elles ne sont peut-être pas très familières avec votre marché et votre typologie de clientèle. Malgré leur bonne volonté, ce manque de connaissances et de compétences les empêchera de bien accrocher les visiteurs et de les qualifier. Il y a de fortes chances que vous perdiez ainsi des opportunités et des clients potentiels.

Je ne dis pas que cette solution n'est pas envisageable, mais si vous souhaitez réellement utiliser vos ressources en interne, vous devez prendre vos précautions et vérifier au moins trois points, à savoir :

**Le coût**

Le coût : Il est important d'évaluer combien cela vous coûtera de faire venir votre employé sur le salon. Vous devez prendre en compte à la fois les coûts directs tels que le transport, les nuitées et les frais de repas, ainsi que les coûts d'opportunité.

Prenons un exemple concret : si vous sollicitez une personne de l'atelier pour vous aider sur le salon, cela signifie qu'elle ne sera pas disponible pour la production pendant ce temps.

Sa valeur productive sera donc perdue pendant la durée du salon. Il est essentiel de se demander à quel poste elle apporte réellement le plus de valeur ajoutée : sur votre stand en jouant un rôle commercial, ou à son poste de travail dans l'atelier ?

## La sociabilité naturelle

Cette personne est-elle naturellement extravertie et à l'aise dans les interactions sociales avec ses collègues et partenaires professionnels tels que fournisseurs et prestataires ? Est-elle capable de sympathiser avec les autres parties avec lesquelles elle interagit au sein de votre entreprise ?

Même si Marie de la comptabilité est la plus disponible pour venir au salon, il est essentiel de se demander si elle possède un naturel avenant et accueillant. Est-elle à l'aise pour établir le contact et échanger avec ses collègues au sein de l'entreprise ? Et donc, à plus forte raison, sera-t-elle à l'aise et adaptée socialement face à vos visiteurs ?

## L'état d'esprit

Est-ce que l'employé est volontaire pour participer au salon ? Perçoit-il cette proposition comme une opportunité de changement et d'évasion ? Est-il enthousiaste à l'idée de passer quelques jours en dehors du bureau, considérant cela comme un défi passionnant ?

Ou au contraire, voit-il cette participation comme une corvée ? Une mission qui ne fait pas partie de sa fiche de poste ? Une contrainte pour son organisation personnelle et familiale ?

Comprendre l'état d'esprit d'une personne est essentiel pour savoir si elle donnera le meilleur d'elle-même sur le salon ou si elle sera réticente et peu enthousiaste.

Pour vous orienter sur ce point, je vous conseille de ne pas imposer qui viendra sur le salon, mais plutôt d'informer vos employés que vous recherchez "deux volontaires" (par exemple) pour représenter l'entreprise sur le salon et accueillir les clients. Vous pouvez envisager de récompenser ces volontaires par une petite prime.

Bien entendu, vous devrez ensuite évaluer si les volontaires qui se présentent conviennent à cette mission.

Si à ce stade, vous réalisez que cette approche n'est pas la meilleure solution, et que vous ne disposez pas des ressources internes adéquates, ne vous inquiétez pas. Il existe une solution économique et de qualité certainement supérieure : faire appel à un commercial indépendant. Pour une mission.

### 3.3.2    L'Appel à un Professionnel.

Notre société actuelle permet de trouver facilement des professionnels et consultants freelances pour tout type de missions, y compris des missions à la vente. Des plateformes telles que Malt se sont développées ces dernières années, vous permettant de contacter des freelances experts dans leur domaine, disponibles sur une zone géographique précise, pour vous épauler le temps d'une mission.

Un avantage non négligeable de recourir à un freelance est que si vous cherchez un vendeur pour un salon à Marseille alors que votre entreprise est située à Lille, vous pouvez trouver un freelance vivant à Marseille. Cela vous évite de supporter les frais de transport et d'hébergement pour un de vos employés. Le tarif journalier du freelance sera souvent quasiment équivalent à ces frais ! Cette solution devient dans ce cas très vite rentable !

Évidemment, il est important de vérifier les compétences du freelance. Vous pouvez vous baser sur les avis et témoignages clients disponibles sur des plateformes comme Malt. Vérifiez si le freelance que vous envisagez est bien évalué et si les commentaires à son sujet sont favorables.

Consultez également son profil LinkedIn, où il pourrait avoir d'excellentes recommandations de la part de ses précédents collaborateurs ou clients. Vous pouvez également parcourir les avis clients disponibles sur Google Business s'il y est référencé.

Un échange téléphonique ou en visio avec le freelance vous permettra de juger de sa capacité d'élocution, d'écoute, de compréhension et de structuration d'idées. Vous pourrez ainsi évaluer s'il est en mesure de présenter clairement ses services, de vous convaincre et de vous rassurer quant à sa capacité à répondre à votre demande. Observez également s'il respecte les délais annoncés pour vous envoyer son devis, s'il sait négocier et s'il utilise des formules de politesse.

Si le freelance parvient à vous convaincre lors de ces échanges, il aura de bonnes chances de convaincre vos clients lors du salon !

Vous vous inquiétez du fait que la personne ne connaisse pas vos produits ? Ne vous en préoccupez pas outre mesure, car cela n'est pas du tout un obstacle. Non seulement vous pourrez rapidement la briefer en amont du salon, mais elle vous passera également la main si un client pose des questions techniques qui dépassent son domaine d'expertise. Et cela voudra souvent dire qu'elle aura accompli sa mission avec succès !

En effet, comme nous le verrons plus tard dans le livre, le rôle d'un bon commercial sur un salon est avant tout d'accrocher le client. Il y a donc de nombreuses étapes à parcourir avant d'arriver aux éventuelles questions techniques qui pourraient lui poser problèmes.

## 3.4    Assurer le team branding.

Le salon joue un rôle crucial dans la communication de l'identité de votre marque et des valeurs de votre entreprise. C'est à ce moment que vos visiteurs se forgent une image de vous et ressentent votre culture d'entreprise. Il est donc primordial de laisser une impression et un souvenir mémorables.

Quelle image et quelles valeurs souhaitez-vous véhiculer ? C'est le moment de réfléchir au "personal branding" de votre entreprise et d'être en parfaite cohérence lors de vos interactions.

Vous est-il déjà arrivé d'entrer sur un stand de salon, avec une demande précise et de ne pas savoir à qui vous adresser ? Vous observez la foule sur le stand, qui est plutôt vaste, et vous ne savez pas à qui vous adresser car vous ne parvenez pas à identifier le personnel. Vous vivez un moment de solitude un peu gênant et finissez par prendre une brochure, en vous disant que vous regarderez tout cela plus tard par vous-même sur internet.

Ce genre de situation peut se produire pour deux raisons. Soit il n'y a personne pour accueillir les visiteurs à ce moment-là (mais ça ne vous arrivera pas car nous avons déjà réglé ce problème dans le chapitre précédent !), soit l'équipe de vente n'est pas clairement identifiables faute de signes distinctifs. Cela constitue un problème majeur ! Il faut donc parer à ce problème sans quoi vous risquez de mettre les visiteurs mal à l'aise et de laisser filer des contacts pressés ou timides.

Pour cela, assurez-vous que vos équipes soient facilement reconnaissables par le port d'une tenue spécifique, d'un badge au logo de votre entreprise, d'un foulard à vos couleurs, d'un uniforme ou de tout autre accessoire.

Tous les moyens sont bons ! Plus le signe de reconnaissance de votre équipe sera fort et marquant, plus vous marquerez les esprits ! Par exemple, lors d'un salon, une marque de planchas a équipé tous ses vendeurs de tabliers aux couleurs vives de l'entreprise. Résultat : même pendant la pause déjeuner, dans les allées ou aux toilettes, tous les visiteurs remarquaient leur personnel !

Pensez-y : votre équipe est un véritable levier de communication visuelle. Nul besoin de les transformer en vendeurs-sandwich en les affublant de déguisements ridicules, mais il est essentiel de soigner leur apparence pour qu'elle marque les esprits.

Voici un autre exemple : une marque de fleurs séchées qui exposait sur un salon a doté ses vendeurs de magnifiques couronnes de fleurs. Ils ont fait le buzz : tous les regards se portaient sur leur stand et leur personnel !

Laissez-vous inspirer par l'univers de vos produits pour créer un code vestimentaire percutant et en accord avec votre image de marque.

# Partie 4

## Comment accueillir et pitcher intelligemment ? Réussir à amorcer le contact

*« Bien accueillir ses clients est le fondement même d'une entreprise prospère. C'est la clé qui ouvre la porte à une relation solide et durable. »*

**Richard Branson**

*« Les clients ne se souviendront peut-être pas de ce que vous avez dit ou fait, mais ils se souviendront toujours de la façon dont vous les avez fait se sentir. »*

*Maya Angelou*

## 4.1 Adopter une attitude accueillante et professionnelle.

### 4.1.1 Eviter le « phubbing ».

Le terme « phubber » est un néologisme issu de la contraction des mots « phone » et « snubbing », signifiant « snober » en anglais. Phubber un visiteur revient à être plus préoccupé par son téléphone que par la présence d'une personne sur votre stand. Cette fâcheuse tendance est malheureusement courante lors des salons et observée chez de nombreux exposants et leurs équipes commerciales.

En vous focalisant sur votre téléphone, quelles que soient les raisons, vous adoptez inconsciemment un langage corporel fermé et replié, alors que vous devriez plutôt afficher une attitude accueillante et ouverte ! Parfois tellement captivé par votre appareil, vous risquez de passer à côté de visiteurs qui s'attardent sur votre stand, perdant ainsi de potentielles opportunités.

Il m'est déjà arrivé de pénétrer sur un stand, de le parcourir entièrement, de prendre un flyer, et de repartir sans que l'exposant ne remarque ma présence, totalement obnubilé par son smartphone. C'est un véritable comble !

Pour remédier à cette situation, mettez de côté votre téléphone pendant quelques jours et assurez-vous d'être pleinement disponible pour accueillir vos visiteurs sans en négliger aucun ! Chaque visiteur mérite d'obtenir toute votre attention et vous devriez toujours témoigner de l'intérêt à celui qui s'approche de votre stand.

Rappelez-vous constamment que la véritable différence entre votre enseigne et celle de votre concurrent réside souvent en une seule chose : vous-même et votre attitude.

N'hésitez pas à sensibiliser votre équipe sur l'utilisation responsable des smartphones et soyez intransigeant sur ce point pendant toute la durée du salon. Briefez vos équipes et veillez à éviter les rassemblements de commerciaux assis en train de boire un café tout en consultant leur smartphone, car cela peut s'avérer particulièrement désagréable pour un visiteur en quête d'attention

Sur votre stand, vous devez adopter de préférence une posture debout, afficher une attitude dynamique et souriante afin de transmettre une atmosphère joviale et rassurante.

## 4.1.2  Soirée d'inauguration ? Restez professionnel !

Le salon prévoit une nocturne ou une soirée d'inauguration ? Cet événement est sans doute d'une importance capitale car il rassemblera vos meilleurs clients, de nouveaux visiteurs, vos amis et peut-être même certains membres de votre famille venus vous soutenir.

N'oubliez jamais que cette soirée est avant tout une occasion professionnelle, et non une simple soirée entre amis. Il est donc essentiel de bien comprendre la distinction entre ces deux types d'événements.

L'objectif de cette soirée reste de créer de nouveaux contacts et de renforcer vos liens avec vos clients grâce à un cadre plus serein et décontracté. Gardez toujours en tête votre objectif professionnel et évitez les pièges les plus fréquemment rencontrés lors de telles soirées en suivant les conseils suivants.

## Conseil n° 1 : Maintenez un comportement professionnel

Soyez particulièrement vigilant quant à votre attitude et celle de vos équipes. La pire des erreurs serait de confondre cette soirée professionnelle avec un simple pot de fin de salon ou une soirée entre amis ! En effet, malgré une ambiance joviale et détendue, il est primordial de se rappeler que vous et votre équipe êtes toujours en mission professionnelle et que chacun doit savoir se tenir et tempérer son comportement même dans un cadre relevant d'une allure festive.

Vous avez certainement déjà participé à des soirées ou des séminaires d'entreprise où des collègues ont affiché des comportements excessifs en fin de soirée, dans un état d'ébriété avancée, sous les yeux de tous les services de l'entreprise, y compris la direction. Ces individus ont surement regretté leur attitude compromettante qui a terni leur image. Ils ont en effet commis une erreur majeure mais malheureusement courante : confondre une soirée professionnelle avec une soirée entre amis.

Evitez cet écueil et contrôlez votre consommation d'alcool si l'alcool est présent lors de la soirée. Il est important pour vous et votre équipe de modérer votre consommation pour ne pas compromettre votre image professionnelle. Rappelez-vous que votre équipe représente votre entreprise et veillez donc à maintenir une image positive et professionnelle tout au long de la soirée.

## Conseil n° 2 : Ne restez pas dans un « entre-soi »

Des clients historiques, des fournisseurs ou des amis que vous connaissez bien sont venus vous saluer ? C'est parfait, mais ne vous attardez pas dans votre zone de confort et prenez également le temps d'aborder les visages inconnus.

Accueillez chaleureusement toutes les personnes qui viennent sur votre stand. Aucun visiteur ne doit se sentir exclu ou comme un intrus lors de votre événement.

Si vous n'avez pas le temps de vous occuper de tout le monde, assurez-vous de bien briefer l'équipe commerciale (ou vos amis et votre famille si vous n'avez pas d'équipe commerciale) avec des consignes précises sur l'attitude à adopter.

Ce soir-là, tout le monde doit devenir l'ambassadeur de votre société et veiller à ce que les "nouveaux arrivants" (vos clients potentiels) se sentent accueillis et bien renseignés.

Après une journée de salon bien chargée, il serait tentant pour votre équipe et vous-même de rester regroupés avec un verre à la main sur votre stand en échangeant des anecdotes du jour. Cependant, évitez que cela ne dure trop longtemps. D'autant plus que vos invités n'ont pas besoin d'entendre vos débriefs de salon.

Vos commerciaux ne doivent donc pas se cantonner à l'entre-soi ou passer toute la soirée à discuter avec les attachées de presse. Par ailleurs, j'en profite pour vous rappeler que vos commerciaux n'étant pas en repos ce soir-là, vous devez leur payer les heures supplémentaires ou leur accorder des congés compensatoires !

En gardant cela à l'esprit et en adoptant une attitude ouverte et professionnelle, vous maximiserez les opportunités de nouer des relations fructueuses avec de nouveaux clients potentiels tout en maintenant une atmosphère conviviale et accueillante sur votre stand.

## Conseil n°3 : Alterner vos interlocuteurs

Surtout, si vous avez beaucoup de visiteurs, évitez de discuter avec le même client pendant plus de 10-15 minutes : passez au suivant, multipliez les contacts et saluez tout le monde ! Si un visiteur vous accapare, remettez discrètement son verre à niveau, proposez-lui quelques biscuits apéritifs et indiquez poliment que vous devez également saluer d'autres personnes. Il comprendra et sera ravi de profiter de l'ambiance sur votre stand, verre à la main. Avec un peu de chance, il vantera même votre convivialité en échangeant avec d'autres.

Vous vous retrouvez pris au dépourvu car cet interlocuteur semble qualifié et vous pose beaucoup de questions ? Il peut sembler délicat de le laisser en plan sans lui fournir toutes les informations directement ? Dans ce cas, proposez-lui un rendez-vous ultérieur plus propice à un échange prolongé. Fixez une date pour approfondir la discussion. Sinon, vous pouvez aussi appeler un de vos commerciaux à la rescousse pour qu'il prenne le relais sur la présentation. Cela vous permettra d'aller saluer d'autres invités tout aussi importants et qui méritent également votre temps.

En alternant judicieusement vos interlocuteurs, vous offrez à chacun une attention adéquate tout en élargissant votre réseau de contacts. Cela vous permettra de maximiser les opportunités de générer de nouveaux clients potentiels tout en maintenant une atmosphère conviviale sur votre stand.

## Conseil n°4 : Pensez aux étapes du processus de vente

Vous êtes présent à cet événement pour vendre et trouver des clients potentiels, donc ne relâchez pas vos efforts, même durant cet événement festif !

Bien entendu, l'idée d'une soirée est de profiter de l'ambiance décontractée et d'aborder des sujets personnels et légers, et c'est tout à fait approprié. La soirée vise à créer une relation qui ne soit pas directement commerciale (bien que, au final, cela le soit).

Cependant, ne perdez pas de vue l'importance de questionner, qualifier et prendre les coordonnées de vos interlocuteurs. Même pendant cette soirée, il est essentiel de suivre les étapes commerciales vues dans les chapitres précédents, car il est nécessaire de qualifier vos visiteurs et de recueillir leurs coordonnées si cela est pertinent.

En suivant tous ces conseils, vous pourrez profiter pleinement de la soirée d'inauguration ou de la nocturne tout en préservant une attitude professionnelle et en valorisant vos relations d'affaires. Cela vous permettra de créer des liens avec les participants d'une manière plus décontractée, tout en gardant en tête l'objectif de développer votre réseau professionnel et d'identifier de potentiels clients intéressés par vos produits ou services.

## 4.2   Accueillir votre visiteur : l'art d'amorcer le contact.

### 4.2.1   La Métaphore de l'invité : brunch chez les Durant ou chez les Dupont ?

Votre attitude et celle de votre équipe, ainsi que vos techniques de vente, joueront un rôle décisif dans le succès d'un salon et dans l'impression que vous laisserez à vos visiteurs. Ce qui vous démarquera de vos concurrents ne sera pas seulement la qualité de vos produits ou la beauté de votre stand, mais également l'expérience que vous offrirez à vos visiteurs et votre capacité à susciter leur sympathie.

Pour illustrer cela, imaginez-vous invité au brunch dominical chez un couple d'amis que nous appellerons les « Durant ». Dès votre arrivée, vous êtes stupéfait par la beauté de leur maison et de leur jardin : la maison a une allure moderne, de belles proportions, les volets sont soigneusement peints, les tuiles brillent, le jardin est fleuri, le gazon est parfaitement tondu, et l'allée est impeccablement ratissée. Une petite barrière en bois délimite la propriété, et une petite mare avec une fontaine agrémente l'entrée. Quelle charmante propriété, vous vous verriez bien vivre là !

À peine avez-vous pénétré dans l'allée avec votre voiture que vos amis apparaissent sur le pas de la porte pour vous accueillir chaleureusement. Vous sortez de votre voiture, leur chien vous fait la fête, tandis qu'on vous demande si vous avez fait bonne route et si vous avez trouvé facilement la maison. On vous offre spontanément de l'aide pour porter vos paquets jusqu'à l'entrée. À ce moment, les enfants des Durant descendent les escaliers en courant pour vous saluer avec enthousiasme en vous donnant le plaisir de leur ébouriffer les cheveux ou de leur pincer les joues.

Cette atmosphère de convivialité vous enchante : vous vous sentez attendu, accueilli et choyé. Vous ne pouvez vous empêcher de remarquer à quel point les Durant sont sympathiques, et leurs enfants, si mignons et bien élevés, vous charment immédiatement. Leurs petites attentions vous mettent dans les meilleures dispositions pour passer un moment des plus agréables en leur compagnie.

Imaginez maintenant, que la semaine suivante, vous alliez bruncher chez vos amis les « Dupont ». Dès votre arrivée, vous êtes stupéfait par la beauté de leur maison et de leur jardin : la maison a une allure moderne, de belles proportions, les volets sont soigneusement peints, les tuiles brillent, le jardin est fleuri, le gazon est parfaitement tondu, et l'allée est impeccablement ratissée. Une petite barrière en bois délimite la propriété, et une petite mare avec une fontaine agrémente l'entrée. Quelle charmante propriété, vous vous verriez bien vivre là !

Vous vous garez dans l'allée de garage, sortez de votre voiture, ouvrez votre coffre pour prendre les paquets et les bouteilles que vous avez amenés. Vous vous dirigez vers la porte d'entrée et sonnez. Vous attendez qu'on vous ouvre. Vos amis tardent un peu. Vous sonnez à nouveau.

Madame Dupont finit par vous ouvrir, elle semble affairée et visiblement Monsieur Dupont n'est pas dans les parages. Elle vous fait une bise rapide, vous dit d'entrer et de vous mettre à l'aise. Elle doit finir quelque chose à la cuisine et ensuite elle sera à vous.

Vous avancez timidement dans le couloir, puis vers la salle à manger. Vous découvrez les lieux par vous-même. Vous apercevez soudain Monsieur Dupont à travers la baie vitrée, en pleine conversation à l'extérieur sur son téléphone portable. Vous vous demandez si les enfants sont là car vous ne les entendez pas.

Quant au chien, il est dans son chenil. Vous jetez un coup d'œil à votre montre, mais non, vous n'êtes pas spécialement en avance. Vous vous sentez néanmoins un peu laissé en plan. Finalement, Monsieur Dupont arrive, s'excuse car il avait une urgence à régler, et se détend. Vous demandez si les enfants sont là, et votre ami vous répond qu'ils jouent à la console dans la salle de jeu. Vous vous demandez si c'est à vous de monter les saluer ou si leur père va les appeler pour qu'ils descendent. Vous n'êtes pas sûr de comment vous comporter. Alors, vous attendez, en espérant les croiser pendant le repas.

Je ne sais pas vous mais personnellement, j'ai vécu une expérience bien plus agréable lors du brunch de la semaine dernière, chez les Durant.

Cette métaphore de l'invité illustre parfaitement l'importance de soigner l'accueil réservé à vos visiteurs. Même avec des stands équivalents et des présentations similaires (comme la jolie maison de banlieue dans l'exemple), c'est bel et bien votre attitude, votre accueil chaleureux, votre disponibilité et votre capacité à mettre vos visiteurs à l'aise qui feront la différence.

Dans le contexte d'un salon, cette même attitude chaleureuse, attentionnée et sympathique laissera un souvenir positif et marquera les esprits de vos visiteurs. Au-delà des produits que vous proposez et de la qualité de votre stand, c'est l'expérience globale que vous offrirez à vos visiteurs qui déterminera leur perception de votre entreprise. Ainsi, soyez à l'écoute de vos visiteurs, offrez-leur un accueil chaleureux et personnalisé, et veillez à ce qu'ils se sentent appréciés et pris en considération. Cette approche contribuera grandement à la réussite de votre participation au salon et à l'élaboration d'une solide réputation auprès du public.

Le fait que vos visiteurs se sentent au centre de votre attention, ainsi que celle de vos équipes, rendra leur expérience inoubliable et les poussera à préférer faire affaire avec vous, plutôt qu'avec vos concurrents. En d'autres termes, ils choisiront de bruncher chez les Durant plutôt que chez les Dupont, ou d'acheter chez vous plutôt que chez le concurrent !

## 4.1.2    Détecter l'intérêt d'un visiteur et briser la glace.

### Sachez détecter un signe d'intérêt

Il est essentiel pour vous et votre équipe d'être vigilants quant au comportement des visiteurs lors du salon. Pour repérer un visiteur potentiellement intéressé mais peut-être timide, voici trois signaux à surveiller :

- Un visiteur qui s'attarde plus longtemps que prévu devant votre stand.
- Un visiteur qui saisit un flyer et le lit attentivement.
- Un visiteur qui montre votre stand du doigt en passant devant pour le signaler à son voisin.

Cependant, il est crucial de ne pas précipiter vos actions dès que vous remarquez ces signes. À cet égard, je vous recommande d'appliquer la règle des 5 secondes. Si vous avez le temps de compter jusqu'à 5 et que le passant continue de s'intéresser à votre stand ou de lire votre brochure sans se déplacer : alors partez à sa rencontre !

### A vous de « briser la glace »

En tant que professionnel recevant à domicile, il vous incombe d'aller vers les visiteurs, de briser la glace et de les mettre à l'aise. N'attendez pas que le visiteur fasse le premier pas, car cela risque de prendre beaucoup de temps.

Rassurez-vous, vous ne dérangerez pas la personne. Au contraire, elle vous sera souvent reconnaissante d'avoir remarqué son intérêt et d'avoir pris l'initiative d'engager la conversation. Ce n'est pas au client ou au visiteur de faire l'effort de venir vous parler. Gardez bien cela à l'esprit.

### Franchissez la frontière de votre stand

Votre stand est comme une principauté, dont les bordures délimitent la frontière. Généralement, les exposants se tiennent au centre de leur stand, faisant face aux visiteurs qui restent à l'extérieur de la frontière. Or, cette position face à face crée une opposition. En restant campé sur votre territoire, vous représentez le garde-frontière, prêt à en découdre avec l'éventuel envahisseur et le dissuadant d'entrer dans le pays.

Total : cette position face à face entraîne un résultat inverse de votre objectif. Vous êtes là pour accueillir les visiteurs étrangers sur votre stand, pas pour les effrayer.

Il est donc essentiel de surveiller votre posture sur votre stand afin que votre attitude favorise l'entrée du visiteur.

C'est un peu caricatural, mais vous devez réellement voir votre stand et sa limite comme une frontière que les visiteurs auront du mal à franchir. Vous devrez donc les aborder de manière adéquate et les accompagner dans le trajet.

Pour cela, privilégiez la position côte à côte, qui favorise la proximité, la communication et la complicité. La meilleure approche que vous pourrez avoir sera de sortir vous-même de votre stand. En sortant de votre territoire, vous allez à la rencontre des visiteurs et vous vous allez les aider à passer progressivement la frontière en votre compagnie.

A nouveau, évitez de les approcher de face. Optez plutôt pour une approche latérale, en marchant d'un pas tranquille et avec un sourire bienveillant. Cette approche en biais, que j'appelle "la technique du crabe", évite d'intimider les visiteurs et leur montre que vous êtes de leur côté.

Attention, évitez l'écueil qui consisterait à arriver discrètement par derrière, dans l'angle mort ! Cette "approche traître" surprendrait votre visiteur et risquerait de lui faire faire une crise cardiaque ! Veillez toujours à être dans son champ de vision lors de votre approche.

Une fois le contact établi, la glace brisée et la position "à côté" atteinte, orientez-vous de manière à être clairement tourné vers votre stand et vos produits. Cela aura d'ailleurs pour effet d'attirer le regard des autres passants vers votre stand. Cherchez une position 10h10, comme pour le permis de conduire, l'angle formé étant dirigé vers votre stand.

Ensuite, positionné à côté du visiteur une fois que vous l'avez qualifié, marchez vers votre stand sous prétexte de lui montrer un produit en détail ou de lui donner une plaquette. Par un simple effet de miroir, votre visiteur vous suivra sans même s'en rendre compte.

Vous avez réussi ! Vous l'avez fait franchir la frontière. Vous êtes perçu comme un pays ami, et c'est générale-ment à ce moment-là que les autres visiteurs fran-chissent spontanément votre frontière, sans que vous n'ayez à faire d'efforts supplémentaires.

**Illustrations**

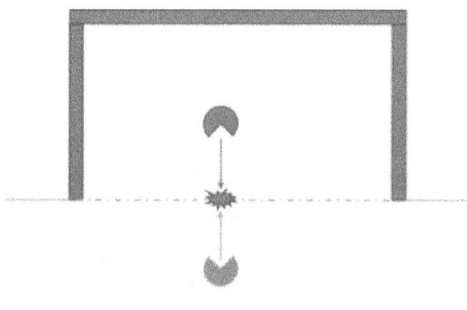

Posture d'opposition : à éviter

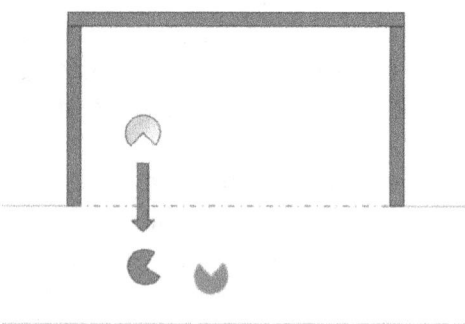

Approche en « crabe » : créer le contact

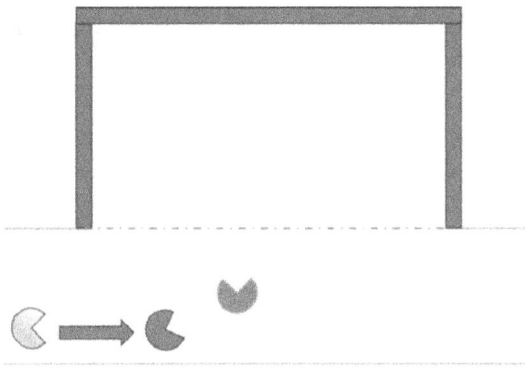

Approche en « traitre » : à éviter

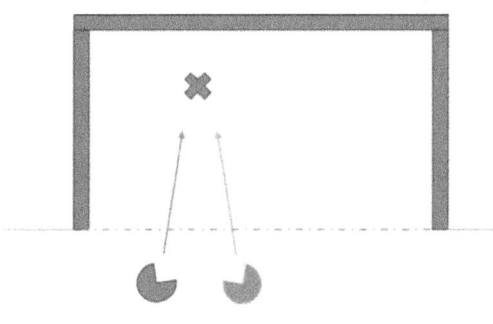

Posture « 10h10 » : les vues convergent

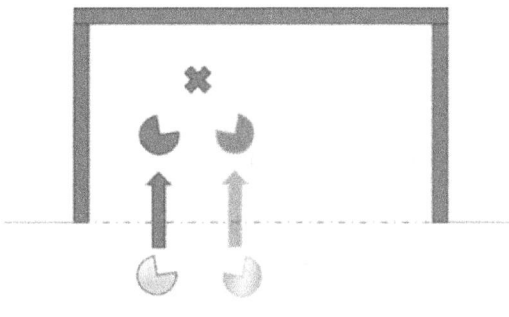

Franchissement de frontière : but atteint

## Fiche pratique : Les Phrases Clefs

On entend souvent qu'il faut privilégier les questions ouvertes pour faire parler le client, mais cela n'est pas utile quand il s'agit de briser la glace et d'en arriver à la première amorce. C'est à vous de gérer cette première approche et de savoir exactement comment amener le visiteur là où vous le souhaitez, c'est-à-dire dans des eaux plus chaudes.

À ce stade, une question trop ouverte risque de déstabiliser et de braquer votre interlocuteur qui n'a souvent aucune envie de prendre à sa charge l'effort de la conversation.

Avec quelques questions très simples, vous réussirez à entamer le dialogue et à faire connaissance avec votre interlocuteur. Voici quelques phrases clefs que je vous propose d'utiliser pour briser la glace et créer le premier contact avec votre visiteur.

**Clef numéro 1 :**

*« Bonjour Madame, Connaissez-vous notre société / nos produits / notre marque ? »*

Notez à quel point cette question est idéale, quelque soit la réponse de votre interlocuteur !

Si la personne répond "non", c'est le moment pour vous de rebondir en présentant brièvement votre entreprise (mini pitch), avant de passer à des questions de qualification et d'engager une conversation plus ouverte et détendue (nous verrons cela dans les chapitres suivants).

Si le visiteur répond "oui", c'est une occasion pour vous deux de se remémorer dans quel cadre vous avez collaboré par le passé et de mieux comprendre qui il est en tant que client (dans ce cas, la qualification est accélérée !). Avec un peu de chance, cela réchauffera immédiatement l'atmosphère et renforcera les liens.

Cependant, il est possible que cette personne ait eu une mauvaise expérience avec votre société et qu'elle profite de l'occasion du salon pour vous faire part de ce vieux dossier. Ce sera l'opportunité parfaite de réparer la relation grâce à votre sens commercial et de récupérer un client qui en sortira encore plus satisfait !

**Clef numéro 2 :**

*« Bonjour Monsieur, est-ce que nous travaillons déjà ensemble ? »*

Cette amorce sera à privilégier lorsque quelqu'un ou un groupe se comporte comme s'il était déjà familier avec votre stand et nos produits. Typiquement, il s'agira d'une personne qui rentre sur votre stand sans trop d'hésitation ou bien qui se dirige très vite vers l'un de vos produits pour l'examiner de près. Cette attitude témoigne potentiellement d'une certaine connaissance de votre enseigne. En posant cette question, vous pourrez rapidement clarifier la situation et savoir s'il s'agit d'un client existant ou d'un prospect avec qui nous sommes déjà en relation.

Voici les réponses attendues :

*« Non pas encore mais je vous avais appelé il y a 2 mois pour un devis, je suis Monsieur Bidule de l'entreprise Machin »*

*« Oui ! Je connais bien vos produits je travaille avec vous depuis longtemps je suis Monsieur Bidule de l'entreprise Machin »*

*« Non, je ne vous connais pas mais votre produit m'a interpellé pour telle raison »*

**Clef numéro 3 :**

**« Bonjour Madame, je vois que vous regardez tel produit, il a telle qualité et telle fonctionnalité, l'aviez-vous deviné ? »**

Ce type de question est idéale quand une personne s'attarde sur un produit ou vient le toucher. Ce visiteur est visiblement intéressé par la technique et la fabrication du produit.

Voici les réponses que vous obtiendrez :

*"Ah oui justement c'est bien ce qu'il me semblait."*
*"D'accord, je pensais que c'était plutôt ça."*

Dans ce cas, de deux choses l'une : soit il s'agit d'un visiteur qui s'intéresse à la fiche technique du produit parce qu'il est lui-même dans le métier (peut-être un confrère, un fournisseur, un artisan), soit il s'agit d'un acheteur potentiel qui admire votre savoir-faire. A vous de le découvrir lors de la phase de qualification.

Ces questions "briseuses de glace" ont un objectif clair : établir un contact efficace et amical tout en passant rapidement à la phase d'écoute et de qualification de votre visiteur. Cette approche vous permettra de comprendre rapidement votre interlocuteur et de déterminer la meilleure approche commerciale à adopter.

N'hésitez pas à relire ces phrases clefs et à les noter sur un bout de papier si besoin afin de les intégrer à votre esprit et de pouvoir les utiliser à bon escient et de façon naturelle lors de votre salon.

Surtout oubliez les phrases du type « Que puis-je faire pour vous ? » ou « Comment puis-je vous aider ? » qui sont peu appropriées dans le cadre d'une amorce professionnelle sur un salon.

# 4.4   Présenter son entreprise intelligemment.

### 4.4.1   Utiliser les 3 sens : auditif, visuel et kinesthésique.

Robert Dilts, spécialiste américain dans le domaine de la Programmation Neurolinguistique, a observé que chaque individu vivait une expérience en privilégiant principalement le sens visuel, auditif ou kinesthésique (toucher, odorat, goût).

Vous, tout comme vos clients, avez un sens privilégié par lequel vous recevez mieux un message ou vivez mieux une expérience. Par conséquent, pour maximiser vos chances de réussite et de transformation, il est essentiel d'adapter votre discours d'accueil et de vente à chaque type de personnalité.

Bien évidemment, lors d'un salon, le temps est compté. C'est pourquoi vous devrez rapidement identifier les préférences de communication de votre interlocuteur en testant les trois vecteurs dès le pitch de votre entreprise.

Cette approche vous permettra d'intégrer dans votre discours des éléments qui sollicitent à la fois le vecteur auditif, visuel et kinesthésique, afin d'établir une connexion plus efficace et de susciter l'intérêt de votre interlocuteur.

**Le visiteur de type auditif**

Un visiteur de type auditif, dont le sens de perception privilégié est l'ouïe, sera sensible à votre argumentaire technique et commercial ainsi qu'à votre intonation de voix.

Veillez donc à exprimer verbalement les qualités techniques de votre produit : matériel, garantie, spécificités, dimensions, ainsi que les conditions commerciales : délai de livraison, garantie, conditions de règlement.

Marquez des pauses et accentuez les mots délivrant les informations capitales. Ce genre de visiteur est souvent axé sur la réflexion et le rationnel. Il ira droit au but avec vous et attendra que vous en fassiez de même avec lui en lui fournissant des informations directes et précises.

**Le visiteur de type visuel**

Le visiteur de type visuel aura son attention centrée sur les produits exposés sur votre stand. Même si vous lui parlez technique, il ne vous écoutera pas, car il sera trop absorbé par l'observation visuelle ! Ce type de visiteur veut voir, imaginer et se projeter.

Assurez-vous donc de lui montrer vos produits in situ, soit sur votre stand, soit à l'aide de photos. Utilisez votre catalogue d'images (ou tablette) pour présenter les photos de vos produits en ambiance ainsi que des exemples de chantiers réalisés. Ce genre d'acheteur sera très friand des photos "avant/après".

**Le visiteur de type kinesthésique**

Pour les personnes de type kinesthésique, il sera capital de pouvoir ressentir les choses, soit par le toucher, par le goût ou l'odorat. Ces visiteurs ont besoin d'un contact avec le produit et les matériaux, de faire les choses, de vivre l'expérience. Typiquement, si vous leur faites la démonstration de votre produit, ils penseront « *Mais bon sang, qu'attend-t-il pour me proposer d'essayer* » et souvent, ils vous demanderont s'ils peuvent tester par eux-mêmes.

Personnellement, je fais partie de ces personnes kinesthésique. Laissez-moi vous raconter la fois où j'ai été accueillie sur le stand d'une marque qui ne manquait pas d'aspiration et qui vantait les mérites d'un nouveau fer à boucler les cheveux. J'ai été enchantée d'entendre la commerciale me proposer une démonstration jusqu'à qu'elle se boucle...elle-même... ses propres cheveux ! Elle ne m'a donné aucun rôle à jouer dans son scénario et m'a laissé en simple spectatrice de son expérience. Démonstration ratée.

En résumé, retenez ceci : les personnalités auditives veulent connaître le nom des choses, les personnalités visuelles veulent se projeter avec, tandis que les kinesthésiques veulent savoir comment les utiliser. Nous possédons tous les trois facteurs, mais l'un d'entre eux est toujours dominant.

Je vous invite à identifier votre dominante et à remarquer que vous avez sans doute tendance spontanément à faire vos présentations en fonction de votre propre tendance. Prenez conscience de la préférence de votre interlocuteur et adaptez votre approche pour maximiser l'efficacité de vos échanges.

### 4.4.2    Construire un pitch qui fait mouche.

Votre pitch (ou présentation) de première intention doit donc pouvoir répondre à la personnalité de chacun. Pour cela, une seule solution : construire un pitch qui fait appel aux 3 sens.

Cependant, les mots vous sont comptés et il n'est pas question de partir dans un long monologue à ce stade. Vous allez devoir condenser votre discours.

Imaginons que vous soyez une marque de vélo. Vous venez de briser la glace avec la question clef numéro 1 : "Connaissez-vous notre marque ?", et votre interlocuteur vous a répondu "Non, je vous découvre".

Il vous faut alors pitcher rapidement et efficacement votre société, en moins de trente secondes. À ce stade, le pitch doit en effet être très synthétique : n'entrez surtout pas dans les détails. Cela viendra plus tard, en fonction du profil de votre interlocuteur (nous le verrons dans le chapitre suivant).

Dès lors, voici à quoi votre pitch pourrait ressembler :

*« Notre société est située en France. Nous fabriquons des VTT électriques ultralégers et disposant d'une grande autonomie de batterie, allant jusqu'à 80 km (auditif). Toutes les finitions et les options sont personnalisables. Vous pouvez donc choisir vos couleurs favorites et obtenir un modèle unique qui ne ressemble qu'à vous (visuel). Nous avons beaucoup de modèles sur notre stand que nous vous proposons d'essayer si cela vous dit (kinesthésique). »*

En intégrant rapidement les 3 vecteurs, vous testerez la réaction de votre interlocuteur. Soyez attentif car selon l'endroit où se porte sa réaction, vous devrez orienter votre discours et votre argumentation commerciale.

Ainsi, pour poursuivre avec notre exemple, l'interlocuteur pourrait réagir de différentes manières.

Voici les réponses et questions avec lesquelles un visiteur pourrait enchaîner :

*« Vraiment ? Fabriqué en France ? Où êtes-vous situé ? » (Auditif)*

*« Et quels sont les délais de fabrication pour cela ? » (Auditif)*

C'est le moment de sortir votre argumentaire technique.

*« Avez-vous des échantillons des couleurs qu'on peut choisir pour la personnalisation ? » (Visuel)*
*« Avez-vous un site internet où on peut voir plus de réalisations ? » (Visuel)*

C'est le moment de sortir la tablette, les photos de réalisations spéciales et les échantillons de couleurs.

*« Faites-vous des prêts pour qu'on puisse tester les modèles ? » (Kinesthésique)*
*« Peut-on choisir l'ergonomie de la selle et du guidon ? » (Kinesthésique)*

C'est le moment de faire essayer la marchandise et les modèles d'exposition.

**Le piège des discours techniques**

Un défaut courant chez les entrepreneurs est de centrer leur discours sur la technicité du produit. Il est compréhensible que vous ayez investi des heures et des ressources considérables en recherche et développement pour concevoir et améliorer votre produit. Votre atelier représente votre plus grande fierté, et vous pourriez en parler pendant des heures, évoquant votre savoir-faire et votre procédé industriel. Cependant, il est rare que les clients aient besoin de connaître tous les détails techniques.

En fait, l'expérience démontre que les visiteurs qui vous interrogent sur la technicité et les secrets de fabrication sont souvent des gens de votre industrie ou d'une industrie similaire : des fournisseurs en démarchage, des ingénieurs curieux, ou un stand concurrent exposant juste à côté... mais rarement des acheteurs.

Méfiez-vous donc si vous vous surprenez à rentrer dans les détails (trop) techniques, c'est souvent un mauvais signe. Une alarme doit retentir dans votre tête car cela signifie soit que vous n'avez pas le bon discours commercial, soit que votre interlocuteur n'est pas un acheteur et donc qu'il n'a pas grand intérêt commercialement parlant.

## Fiche pratique : A vous de jouer !

**Préparez votre pitch**

1. Sélectionnez les éléments auditifs, visuels et kinesthésiques de vos produits et de votre société que vous pourrez intégrer dans votre pitch. Quels seraient-ils ?

Auditif :

Visuel :

Kinesthésique :

2. Maintenant, ne conservez que les éléments qui vous semblent les plus percutants et les plus différenciants. Discutez avec votre équipe pour savoir si ceux que vous avez retenus leur semblent pertinents et convaincants.

3. Rédigez maintenant votre pitch qui doit faire moins de 20 secondes.

Bien joué ! Il vous suffit maintenant d'apprendre votre pitch et de le partager avec votre équipe de vente. N'hésitez pas à utiliser différentes tournures et formulations afin que votre pitch conserve toute sa spontanéité et ne paraisse pas récité. L'objectif est de le présenter de manière fluide et authentique !

**Adaptez votre stand aux différents profils**

4. Mettez-vous à la place d'un visiteur visuel. La mise en scène de votre stand et de vos produits est-elle séduisante ? L'acheteur visuel pourra-t-il se projeter avec votre produit et visualiser les possibilités qu'il offre ? Comment pourriez-vous agencer votre stand pour que cela soit le cas ?

5. Parmi vos outils de présentation (catalogue, présentation sur tablette, etc.), avez-vous des visuels de qualité suffisante, des campagnes de communication ou des vidéos qui pourront répondre aux besoins de projection d'un interlocuteur visuel ? Si ce n'est pas le cas, seriez-vous en mesure de les créer ?

6. Enfin, est-il possible de tester ou d'essayer vos produits sur votre stand ? Disposez-vous d'échantillons de matières ou de couleurs que vos clients pourraient toucher ? Si ce n'est pas le cas, comment pourriez-vous rendre votre service ou produit plus "tangible" afin d'améliorer l'expérience d'un visiteur kinesthésique ?

# Partie 5

# Comment qualifier le contact et vendre directement ? Obtenir les bonnes informations et oser passer à l'action !

*« Le meilleur vendeur n'est pas celui qui parle le plus, mais celui qui pose les questions les plus pertinentes et écoute avec attention les réponses du client. »*

*Jeffrey Gitomer*

*« Le succès en affaires exige du courage et de l'audace pour prendre des décisions et saisir les opportunités, même lorsque la peur tente de vous retenir. »*

*Paul J. Meyer*

# 5.1    Apprendre à écouter activement.

### 5.1.1    Taisez-vous, écoutez et reformulez !

Pour briser le silence et la gêne qu'une prise de contact peut générer, certains exposants ont tendance à se lancer dans un long monologue commercial tout en perdant leur souffle. Évitez de vous engager dans un discours vain vantant la qualité de vos produits alors que vous ne savez même pas qui est votre interlocuteur et s'il est susceptible de faire des affaires avec vous.

Il est essentiel d'avoir un pitch de présentation rapide (je vous renvoie pour cela au chapitre précédent sur les facteurs auditif, kinesthésique et visuel) puis d'enchaîner rapidement avec des questions dans le but de qualifier votre visiteur.

Qualifier son interlocuteur signifie que vous devez savoir qui il est et s'il peut devenir un client pour vous.

**Savoir se taire**

Pour cela, une seule solution : taisez-vous et arrêtez de vous écouter parler. Posez des questions et pratiquez une écoute active : Qui est-il ? Quels sont ses projets ? Qui sont ses clients ? En quoi vos produits/services pourraient l'intéresser ? Avec qui a-t-il l'habitude de travailler ? A-t-il une carte de visite ?

En écoutant attentivement votre interlocuteur et en comprenant ses besoins, vous communiquerez avec lui de manière plus efficace et lui offrirez des solutions qui correspondent mieux à ses attentes.

Apprenez une chose : le silence. Veillez à laisser des temps de respirations et à ne pas interrompre votre client alors qu'il est en train de vous donner des informations cruciales, tout pressé que vous êtes d'intervenir et de répondre. Sachez patienter, et vous taire ! Pour mieux écouter et questionner. L'argumentation n'en sera que plus fine et aiguisée.

En fonction du discours du client, ajustez votre discours commercial et vos arguments de vente. Un bon commercial ne parlera jamais plus que son client et ne l'interrompra jamais : Il a la parole juste et l'ouïe affûtée !

Prenez le temps de créer une véritable conversation avec votre interlocuteur. Cela vous mettra tous les deux à l'aise. Ne pressez pas, n'urgez pas, gardez un timing doux et progressif. Les informations que vous souhaitez obtenir de lui viendront au fur et à mesure de la conversation, pourvu que vous les gardiez bien en tête. En attendant, écoutez ! Et répondez en conséquence.

**Reformuler pour mieux écouter**

Pensez à reformuler les propos de votre visiteur, cela vous permettra de vérifier que vous avez bien compris et lui montrera qu'il a toute votre attention. Cet échange devrait être agréable pour tout le monde et créer un lien relationnel avec votre interlocuteur. Vous êtes en train de construire les bases d'une relation commerciale solide, alors prenez le temps de parler intelligemment, avec considération pour les préoccupations de votre visiteur.

Par ailleurs, une écoute active est indispensable à ce stade pour savoir si votre visiteur est un bon contact ou un simple curieux. Vous pourrez dès lors ajuster votre fusil, et le changer d'épaule si besoin en écourtant l'échange. Nous allons évoquer ce sujet juste après.

### 5.1.2   Se débarrasser d'un visiteur envahissant.

Certains visiteurs ont tendance à vous monopoliser et à s'éterniser sur votre stand, tandis que d'autres visiteurs peuvent ne pas être intéressants, et il sera nécessaire de les éconduire gentiment, rapidement et avec tact.

Il est d'autant plus important de savoir éconduire un intrus si vous avez une vague d'affluence sur le stand et que vous risquez de manquer des contacts.

Pas d'état d'âme, il faut agir au plus vite !

**La Méthode de "Je vous laisse ma carte"**

Dans cette méthode, nous reprenons la stratégie du miroir. Tout comme vous avez réussi à faire entrer le visiteur sur votre stand, vous allez le raccompagner subtilement « hors de vos frontières ».

J'ai appelé cette technique la méthode du « Je vous laisse ma carte ». Cette méthode est très simple.

Dites à votre visiteur : "Merci beaucoup pour votre visite, tenez, je vous laisse ma carte" (cela peut aussi être un catalogue ou un flyer).

En même temps que vous tendez votre carte à votre visiteur indésirable, marchez jusqu'à la sortie de votre stand, comme pour le raccompagner (même s'il ne montre aucun signe de départ justement !). Par effet de mimétisme, celui-ci devrait vous suivre et sortir du stand immédiatement.

Emballez, c'est pesé !

Attention : si vous faites tout cela sans mouvement et en restant sur place, vous avez perdu ! Vous devez impérativement joindre le geste à la parole et penser à marcher vers la sortie de votre stand.

**La Méthode du "Excusez-moi je dois répondre"**

La seconde méthode consiste à feindre un appel sur votre téléphone portable. Cela implique que vous l'ayez dans votre poche et que vous simuliez un appel.

Personnellement, je la trouve plus compliquée à appliquer car cela nécessite un bon talent d'acteur. De plus, l'écran risque d'être visible par votre interlocuteur qui s'étonnera de ne voir apparaître aucun appel sur l'écran...

À vous de voir si vous êtes à l'aise avec cette approche et si vous vous sentez capables de la mettre en œuvre. D'autant plus que le pot de colle risque de patienter jusqu'à la fin de votre appel pour reprendre la conversation là où elle s'était arrêtée...

**Les Démarcheurs de Stands**

Lorsque vous participez à un salon, vous serez inévitablement démarché par des commerciaux qui cherchent à trouver de nouveaux clients parmi les exposants et à élargir les débouchés de leurs produits ou services.

Maintenez une attitude ouverte, accueillante et courtoise envers ces personnes. Premièrement, leurs services pourraient réellement vous intéresser ou vous être utiles à court ou moyen terme ! Accordez-leur donc un instant d'attention.

Deuxièmement, ces commerciaux travaillent probablement déjà avec vos confrères, concurrents et fournisseurs. Ils ont certainement des relations dans le métier et sont bien informés des affaires en cours. Si vous les snobez sèchement, cela nuira à votre image de marque.

En effet, vous risquez de créer un écho négatif autour de votre personnalité. On parlera de vous comme de quelqu'un de "spécial", sous-entendu caractériel et désagréable. Cela peut nuire à votre réputation et vous faire perdre des affaires. Ne sous-estimez pas le réseau et l'influence que peuvent avoir les personnes en face de vous dans votre industrie. Vous avez tout à gagner à rester amical et cordial.

---

## Fiche pratique : Les Phrases Clefs

---

*C : Commercial, V : Visiteur*

### 1. Pour briser la glace et entamer le dialogue - rappel et suite

*C : « Bonjour Monsieur, vous connaissez déjà notre société ? »*

*V : « Non pas du tout je découvre. »*

*C : « Ah très bien, laissez-moi vous présenter rapidement. »*

Vous enchainez avec le pitch préparé avant de passer aux questions de qualification

*C : « Bonjour Madame, vous connaissez déjà notre travail ? »*

*V : « Oui tout à fait nous vous avions commandé des produits il y a 5 ans pour tel projet »*

*C : « Ah oui vraiment, rappelez-moi votre société ?" »*

Ici la phase de qualification s'entame naturellement !

### 2. Pour qualifier votre interlocuteur – exemples de questions et d'échanges

*C : « Vous êtes là à titre professionnel ou personnel ? »*

*V : « Oui à titre professionnel. »*

*C : « Ah d'accord, vous êtes revendeurs peut-être ? »*

---

Dans cet exemple, le visiteur semble peu loquace car il ne précise pas son activité. Aussi, prêcher le faux pour savoir le vrai est une très bonne technique pour le dérider et obtenir les informations qui vous intéressent.

V : « *Non pas du tout j'ai un établissement hôtelier et je regarde pour de nouveaux produits.* »
C : « *Ah génial, où se trouve votre établissement ?* »

Vous poursuivrez avec de nouvelles questions de qualification.

**C : « Avec qui avez-vous l'habitude de travailler ? / Qui est votre fournisseur habituel ? »**
V : « *Nous travaillons souvent avec l'entreprise X pour tels produits et l'entreprise Y pour tels services* »
C : « *Ah oui c'est vrai qu'ils ont une belle gamme. Nous concernant sur tels produits nous proposons cela dans cette gamme de prix et pour tels services nous avons cela.* »

La qualification se précise et vous pouvez commencer à avancer vos premiers arguments. Veillez à ne jamais critiquer un concurrent mais profitez-en pour montrer au client des alternatives au sein de votre gamme en vantant leurs mérites et leurs avantages... concurrentiels.

**C : « Vous avez une recherche spécifique actuellement ? »**
V : « *Oui nous devons référencer de nouveaux produits de type Y car nos clients nous les demandent* »
C : « *Justement ça tombe bien nous venons de sortir tel et tel modèle* »

Dans ce cas, votre interlocuteur vous révèle son besoin, vous allez pouvoir l'affiner et passer à l'argumentation et à la présentation de votre gamme et des options possibles.

**C : « Donc, si je comprends, vous avez tel projet et vous cherchez quelqu'un pour... ? »**

N'oubliez pas d'utiliser la reformulation qui vous permettra en général d'obtenir encore plus de détails et d'informations sur votre client.

**C : « C'est un projet à court terme ? » / « Vous en avez besoin pour quand ? »**

Ces questions concernant les délais sont très importantes, car elles vous permettent d'évaluer la tangibilité d'une commande potentielle et d'adapter votre discours commercial en conséquence. Si le besoin est urgent, vous pourrez évoquer vos propres délais de fabrication et essayer de prendre la commande au plus vite. En revanche, s'il s'agit d'un projet sur le long terme, cela impliquera un travail de suivi. Inutile d'entrer dans les détails à ce stade, vous perdrez votre temps.

## Fiche pratique : A vous de jouer !

1. Listez les différents types de visiteurs que vous serez amenés à rencontrer sur le salon ? Quels sont ceux qui vous intéressent ? Ceux qui ne vous intéressent pas ?

2. Quelles sont les informations qu'il vous faut obtenir pour qualifier votre interlocuteur et savoir s'il s'agit de quelqu'un d'intéressant ? Listez ici les informations que vous devez connaitre sur vos visiteurs.

3. A partir de cette liste, imaginez les différentes questions de qualifications que vous pourriez leur poser ? Quelles tournures et formulations peuvent être utilisées ?

## 5.2    Apprendre à poser les bonnes questions.

### 5.2.1    La « fiche contact » : votre fil conducteur.

Lors du salon, vous serez en contact avec des dizaines, voire des centaines de visiteurs. Après chaque interaction ayant passé la phase de qualification, il est essentiel de consigner les données obtenues de votre interlocuteur et de les organiser de manière pertinente. Cette tâche est accomplie au moyen de la « fiche contact », qu'elle soit sous format papier ou numérique. Cette fiche regroupera les informations clés que vous aurez recueillies.

La fiche contact joue un double rôle crucial.

Premièrement, elle agit en tant que grille de qualification, recensant les informations clés que vous avez choisi d'inclure en raison de leur importance. Lors de la phase de qualification, votre objectif est donc de poser les questions nécessaires pour compléter les différents champs de la fiche. Si un champ est laissé vide, cela signifie que vous avez omis une question au moment de la qualification.

Deuxièmement, elle sert de mémo indispensable : en enregistrant des informations et des détails importants, vous serez en mesure de mener un suivi commercial ciblé et adapté à chaque client après le salon.

Malheureusement, de nombreux exposants négligent de remplir correctement la fiche contact. Ils la complètent rapidement, sans prendre le temps d'y inscrire les informations cruciales. En conséquence, une fois de retour au bureau, ils ont du mal à se souvenir des échanges avec leurs interlocuteurs, ce qui nuit à la qualité du suivi commercial.

Nous allons à présent examiner les critères fondamentaux de votre qualification, vous permettant ainsi de mener des discussions éclairées et d'assurer un suivi commercial efficace après l'événement.

Il est essentiel de comprendre que ces données peuvent en règle générale être obtenues en posant les bonnes questions dès la phase de qualification.

Dans un premier temps, nous étudierons les critères essentiels pour établir une évaluation, vous permettant ainsi d'attribuer une note de valeur à votre contact.

Ensuite, nous explorerons également d'autres critères de qualification que vous pourriez ajouter à votre fiche de contact pour faciliter la reprise des relations commerciales après l'événement.

### 5.2.2   Qualifier son contact et le scorer.

**Evaluer le contact selon un système de notation**

Le score du client est censé refléter la qualité du contact. Souvent symbolisé dans les nouvelles applications de scan par un nombre d'étoiles à reporter (de 1 à 5 étoiles) ou par un système de notation, ce score est malheureusement souvent une notation vague et imprécise. Si vous souhaitez l'utiliser, assurez-vous de le baser sur des critères objectifs.

Idéalement, le système de notation devrait reposer sur différents éléments objectifs. Pour noter un client, vous devriez être en mesure de répondre aux questions suivantes :

1. Quel est le niveau d'intérêt du visiteur envers mon produit ?
2. Quel est le potentiel d'achat du visiteur ?
3. Sous quel délai est-il susceptible de passer commande?
4. Est-ce un visiteur avec lequel il m'intéresse de travailler à long terme ?

Il n'est pas toujours évident de juger de chaque critère lors d'un premier contact, mais vos questions de qualification devraient être dirigées pour obtenir ces informations.

Ces différents critères doivent être reportés dans votre fiche contact et faire l'objet de champs spécifiques. Passons plus en détail sur chacun de ces critères.

**Critère n° 1 : L'intérêt du visiteur pour vos produits**

Au risque d'enfoncer une porte ouverte, la première étape pour conclure une vente, est que le visiteur soit intéressé par vos services ou produits ! Cela signifie que votre offre doit correspondre à ses besoins en termes de prestation, de positionnement et de prix.

Par exemple, un visiteur professionnel et revendeur pourrait adorer votre produit, mais se rendre compte rapidement après un échange avec vous sur vos conditions commerciales que son prix de revente sera trop élevé par rapport au budget de sa clientèle locale. Il aime votre produit, mais il sait qu'il ne correspond pas à son marché en termes de positionnement prix. Au final, il n'a plus d'intérêt commercial pour votre produit. Il est dès lors légitime de lui attribuer la note minimale dans votre système de notation, car il y a très peu de chances que cela change à court terme.

En identifiant rapidement le niveau d'intérêt de chaque visiteur, vous pourrez concentrer vos efforts sur ceux ayant le plus fort potentiel de conversion, ce qui optimisera votre taux de succès.

### Critère n° 2 : Le Potentiel d'achat de votre visiteur

Le potentiel d'achat de votre visiteur est un critère essentiel à prendre en compte dans la notation, car il indique une probabilité plus élevée d'établir une relation commerciale durable et lucrative. Pour parvenir à vous faire une idée sur cette question, il est primordial d'échanger avec chaque visiteur pour détecter son potentiel et son envergure réel.

Vous devrez évaluer si votre visiteur représente une grande entreprise capable de vous apporter un volume d'achat conséquent et des projets récurrents, pouvant ainsi générer du business tout au long de l'année. Ou bien s'il s'agit d'un acteur de moindre envergure, qui n'apportera qu'occasionnellement de petites affaires.

En évaluant le potentiel d'achat de chaque visiteur, vous serez en mesure de prioriser vos efforts de suivi commercial et de consacrer davantage de ressources aux prospects ayant le plus grand potentiel pour devenir des clients fidèles et rentables. Cette approche vous aidera à optimiser vos résultats commerciaux et à développer des relations fructueuses avec vos clients les plus prometteurs.

**Critère n° 3 : Les Délais du projet d'achat**

Il est crucial de reporter dans votre fiche le délai attendu du passage d'une commande, car cela aura un impact significatif sur le suivi commercial à adopter. En effet, entre un visiteur dont le projet d'achat est urgent et un autre qui prévoit de réaliser son achat dans un an, la stratégie de suivi commercial devra être sensiblement différente.

Dans le premier cas, vous pouvez certainement conclure une vente directement sur le salon ou vous montrer réactif dès la fin du salon dans votre suivi commercial, afin de saisir l'opportunité rapidement. Vous devrez agir rapidement pour capitaliser sur l'intérêt du visiteur tant qu'il est encore frais.

Dans le dernier cas, où le visiteur prévoit un achat dans le futur, vous devrez être patient et entretenir un suivi régulier. Cela vous permettra de développer un bon relationnel et de rester présent dans l'esprit du client, afin de saisir l'opportunité lorsqu'il sera prêt à acheter. Il est fréquent qu'au moment de passer son achat, le client ne se souvienne plus de vous si vous n'avez pas réussi à maintenir votre présence dans son esprit, ce qui risque de faire rater l'occasion. Quel dommage !

Un visiteur qui dit ne pas avoir de projet immédiat et n'évoque pas de projets tangibles doit quant à lui voir son score baisser. Cependant, vous devrez évaluer s'il est pertinent de réaliser un suivi régulier malgré tout. Parfois, même les visiteurs sans projet immédiat peuvent devenir des clients potentiels à l'avenir, notamment en entretenant une relation professionnelle de qualité avec eux.

En consignant ces informations dans votre fiche contact, vous serez mieux préparé pour adapter votre approche de suivi commercial en fonction des délais d'achat de chaque visiteur et ainsi optimiser vos chances de conclure des ventes.

**Critère n°4 : Le Contact est-il intéressant pour vous ?**

« Last but not least », ce dernier critère est primordial est peut avoir un impact considérable sur le score du contact, pouvant le faire tomber directement à la case une étoile. Il est donc essentiel d'être extrêmement vigilant sur ce point car il concerne votre envie et votre capacité en tant qu'entreprise d'établir une relation d'affaires avec ce contact.

Prenons un exemple concret : vous remarquez sur votre stand un groupe d'acheteurs d'une grande entreprise. Ils se montrent fortement intéressés par votre produit (critère numéro 1), ils représentent a priori un gros potentiel en volume d'achat (critère numéro 2), et ils expriment clairement leur souhait de conclure rapidement une transaction (critère numéro 3). Tous les critères semblent réunis pour un partenariat fructueux.

Cependant, vous découvrez que leurs exigences commerciales écrasent les fournisseurs et que vous risquez de compromettre votre marge ou la qualité de votre produit si vous souhaitez travailler avec eux. Prendre un tel risque pourrait mettre en péril la rentabilité et la santé de votre entreprise. Dans ce cas, il est préférable de passer votre tour ! Sortez de la négociation et ne cherchez surtout pas à faire affaire avec eux tant qu'ils n'auront pas revu leurs conditions d'achat.

Dans un autre scénario, vous pourriez également rencontrer une personne que vous pressentez comme particulièrement tatillonne ou difficile à gérer. Si votre intuition vous dit qu'avec elle, vous aurez des problèmes et de nombreux litiges, il est préférable de passer votre chemin : ce contact ne vous intéresse pas non plus.

Faites confiance à votre intuition : si vous avez le sentiment que les relations commerciales avec ce client ne seront pas gagnantes-gagnantes et qu'elles relèveront plutôt du bras de fer, alors il est préférable de décliner l'opportunité.

Il est clair que ce critère comporte une forme de radicalité qui écartera fermement certains visiteurs de toute relation commerciale. Il vous faudra reconnaitre ces visiteurs indésirables et accepter de ne pas répondre à leurs demandes. En effet, vous devez protéger votre énergie et la santé de votre entreprise : restez vigilant et ferme.

**Résumé : savoir bien scorer son client**

En incorporant ces quatre critères dans votre système de notation, vous pourrez optimiser l'allocation de vos ressources et de votre temps en vous concentrant sur le suivi des visiteurs offrant un véritable potentiel de partenariat bénéfique pour votre entreprise. La précision de la qualification du client et de la notation revêt donc une importance capitale, car elle vous permettra de cibler avec précision les opportunités les plus prometteuses et de concentrer vos efforts sur les contacts les plus susceptibles de mener à des relations d'affaires fructueuses.

En résumé, en se basant sur ces quatre critères de notation, voici un tableau que je vous propose d'utiliser pour évaluer vos contacts sur une échelle de 1 (note minimale) à 5 étoiles (note maximale).

| | ★★★★★ | ★★★★ | | ★★★ | ★★ | | ★ |
|---|---|---|---|---|---|---|---|
| 1/ Contact intéressé | ✓ | ✓ | ✓ | ✓ | ✗ | — | ✗ |
| 2/ Potentiel d'achat | ✓ | ✓ | ✗ | ✗ | — | — | — |
| 3/ Délai d'achat | ✓ | ✗ | ✓ | ✗ | — | — | — |
| 4/ Contact intéressant | ✓ | ✓ | ✓ | ✓ | — | ✗ | ✗ |

Grille de Scoring Client par Critères

Voici le détail de chacune des notes :

- 5 étoiles : Le contact remplit tous les critères gagnants, c'est le jackpot ! Un suivi rigoureux sera indispensable.

- 4 étoiles : Le contact satisfait aux deux critères prioritaires (intéressé + intéressant) ainsi qu'à l'un des deux autres critères. Ce client devra également faire l'objet d'un suivi commercial attentif.

- 3 étoiles : Le contact remplit seulement les deux critères prioritaires. Il n'a ni un potentiel d'achat élevé ni de projet à court terme. Il faudra entretenir une communication régulière pour rester dans son esprit dans le cas où sa situation évoluerait (nouveau projet par exemple).

- 2 étoiles : Le contact ne satisfait pas l'un des deux critères principaux, bien qu'il puisse remplir les autres critères. Vous pouvez le conserver pour un suivi commercial minimal en espérant que sa situation change à l'avenir.

- 1 étoile : Le visiteur ne remplit aucun des deux critères principaux. En principe, investir du temps dans un suivi commercial semble inutile.

### 5.2.3   Autres critères de qualification.

En plus de ces quatre critères, voici d'autres champs de renseignements que vous jugerez sans doute utile d'ajouter à vos fiches contact.

**La Catégorie de Client**

Vous avez sûrement déjà identifié différents profils de clients et défini de grandes catégories pour qualifier leurs activités professionnelles.

Par exemple, si vous vendez des produits d'ameublement, vos catégories clients pourraient être les suivantes :

- Revendeurs : le réseau de boutiques souhaitant vendre vos produits à leur clientèle.
- Architectes d'intérieur : les professionnels désirant proposer vos produits dans le cadre de leurs chantiers.
- Hôtellerie & Restauration : les professionnels passant des commandes de mobilier pour leurs établissements.
- Collectivités : entités liées aux municipalités et aux mairies.

Il est important de ne pas multiplier excessivement vos catégories de clients, sinon vous risquez de vous y perdre. Je vous recommande de ne pas dépasser 6 grandes catégories clients.

## La Langue d'échange

Les visiteurs sur le salon sont souvent internationaux. Parmi les étrangers, certains parlent parfaitement votre langue tandis que d'autres s'expriment en anglais ou dans une autre langue. Il est crucial de consigner cette information sur votre fiche contact afin de vous rappeler la langue d'échange à utiliser lors du suivi commercial.

Bien souvent, nous omettons de noter la langue dans laquelle nous avons dû échanger avec notre visiteur. En conséquence, au moment du suivi, nous envoyons un courrier électronique en français à une personne qui parle anglais. Il m'est même déjà arrivé d'écrire en anglais à un italien qui maîtrisait parfaitement le français et ne comprenait pas un traitre mot d'anglais !

Pour éviter ce genre de confusion, prenez l'habitude de noter systématiquement la langue utilisée lors de vos échanges avec chaque visiteur sur la fiche contact. Cela vous permettra d'adapter vos communications ulté-rieures de manière appropriée et de fournir un suivi commercial plus efficace et personnalisé.

## La Conversation : Aspects Professionnels et Personnels

Lors de vos échanges avec vos visiteurs, un flux abon-dant d'informations est partagé. Bien que principale-ment professionnelles en apparence, ces discussions sont souvent émaillées d'informations personnelles.

Il est impératif de consigner tous ces éléments ! Après un salon ou même à la fin d'une journée intense, les visages et les paroles se confondent, rendant difficile la distinc-tion de chaque interaction. Par conséquent, il est essentiel de noter de manière détaillée et immédiate les projets ainsi que les anecdotes partagées avec vos visiteurs.

Prenons un exemple : l'une de vos visiteuses vous partage qu'elle collabore avec son fils, qui est absent en raison d'une maladie (information personnelle), et qu'ils prévoient d'ouvrir un hôtel 4 étoiles respectant des normes environnementales strictes sur la côte Atlantique dans quelques mois (information professionnelle).

Dans ce contexte, et à condition que vous ayez bien enregistré sur votre fiche contact les détails de la conversation, votre e-mail de suivi pourrait être formulé comme suit :

*"Bonjour Madame...,*

*Tout d'abord, j'espère que votre fils se porte mieux depuis votre visite sur notre stand au salon XYZ et que vous avez pu lui faire part de vos découvertes.*

*Comme convenu lors de notre échange, vous trouverez en pièce jointe les fiches techniques des produits en catalogue qui correspondent parfaitement aux impératifs environnementaux à respecter pour votre chantier d'ouverture d'hôtel 4 étoiles à Biarritz.*

*Je vous laisse le soin de repasser tout cela tranquillement avec votre fils et ne manquerait pas de vous appeler d'ici quelques jours pour prendre note de votre sélection et répondre à vos questions éventuelles"*

Il est essentiel de réaliser que ce type de courrier se distinguera particulièrement de ceux envoyés par vos concurrents, qui opteront plutôt pour ce genre de message, non personnalisé et dépourvu de touche person- nelle ou professionnelle :

« *Chère Madame,*

*Nous vous remercions pour votre passage sur notre stand lors du salon XYZ. Conformément à votre demande, veuillez trouver ci-joint le catalogue de notre collection de produits.*

*Nous demeurons à votre disposition pour vous accompagner.* »

L'anecdote personnelle permet de créer un ancrage positif avec votre visiteur, suscitant son étonnement et touchant sa sensibilité par votre attention. En ce qui concerne les détails professionnels, ils confirment votre parfaite compréhension du projet.

En notant les détails de vos échanges sur votre fiche contact, vous êtes en mesure de témoigner d'une attention soutenue au client et vous incarnez l'esprit de service. C'est en développant cette relation solide que vos visiteurs se métamorphoseront en clients fidèles et enthousiastes !

**Les Actions Commerciales à mettre en place**

L'ultime élément à enregistrer sur la fiche de contact est la prochaine action commerciale à entreprendre avec le visiteur. Devriez-vous lui transmettre des documents ? Planifier un rendez-vous ? Organiser une visioconférence ?

C'est en faisant preuve de précision et de minutie, en consignant soigneusement toutes ces informations, que vous tisserez un lien professionnel de qualité avec vos visiteurs et assurerez un suivi commercial exemplaire.

Cependant, faites attention aux applications de numé-risation de contacts (le "scan de contacts") qui ont la tendance regrettable de comprimer excessivement les données de la fiche de contact, privilégiant la quantité de contacts numérisés au détriment de leur qualité.

Étonnamment, de nombreux professionnels de la vente se précipitent pour numériser les visiteurs. Malheu-reusement, il est fréquent que les fiches résultantes ne contiennent que des coordonnées dépourvues de sens et ne fournissent pas d'informations utiles sur les échanges personnels avec les visiteurs ou sur les actions commerciales à entreprendre.

En fin de compte, ces contacts se retrouvent simplement intégrés dans un CRM et dans le prochain envoi de votre newsletter, les informant de votre participation... à un salon. Ainsi, la boucle est bouclée !

## Fiche pratique : A vous de jouer !

1. Y a-t-il des critères de qualification propres à votre entreprise, qui n'ont pas été mentionnés précédemment, mais qui devraient être inclus dans votre fiche contact ? Quelles informations sur les clients est-il pertinent pour vous de connaître ?

2. Utilisez les critères de qualification abordés dans le livre ainsi que ceux que vous venez d'ajouter pour élaborer votre fiche contact idéale. Pour amorcer cet exercice, commencez par le réaliser sur papier :

3. En se basant sur vos critères essentiels, et si ceux-ci diffèrent de ceux discutés dans le chapitre précédent, élaborer votre propre tableau de notation des clients.

## 5.3    Savoir prendre le contact avec tact.

Passons maintenant à la façon de demander et d'enregistrer les coordonnées de vos visiteurs. Même si, personnellement, je trouve qu'il y a un certain charme à agrafer une carte de visite à un cahier et à y griffonner des annotations, il est vrai qu'il faut vivre avec son temps.

De nos jours, de nombreux salons intègrent une fonctionnalité de scan de badges au sein de leur propre application, facilitant ainsi le travail des exposants dans la prise des contacts visiteurs. Cette fonctionnalité vous permet de regrouper instantanément les coordonnées de vos interlocuteurs dans votre smartphone simplement en scannant le QR codes de leur badge avec votre téléphone.

Souvent, ces applications offrent la possibilité de personnaliser différents champs de qualification spécifiques en plus des informations classiques (nom, entreprise, téléphone et e-mail). Il est judicieux de consacrer du temps à explorer cette fonctionnalité avant le salon afin de la configurer selon vos besoins.

Si le salon ne met pas à disposition une application pour scanner les codes-barres des visiteurs, vous avez la possibilité d'adopter des applications telles que Swipecard. Elles vous déchargent de la tâche fastidieuse de saisie des coordonnées à la clôture de l'événement. Ces applications vous font gagner du temps en numérisant automatiquement les informations capturées grâce à la prise de photos des cartes de visite. Par la suite, vous avez la faculté d'ajouter vos annotations personnelles et d'exporter l'ensemble au format Excel pour l'intégrer dans votre système de gestion de la relation client (CRM).

Attention cependant : le lecteur de badge doit être utilisé intelligemment et à bon escient. Autrement l'outil risque d'être contre-productif et de se retourner contre vous. Voyons comment éviter cela et faire en sorte que la technologie vous aide réellement.

**Scannez au bon moment et évitez que la douchette ne se transforme en douche froide**

À l'époque du papier, l'échange de coordonnées se produisait de manière spontanée, soit pendant, soit à la fin des discussions. Cependant, de manière étonnante, avec l'avènement des lecteurs de badges, certains commerciaux semblent avoir adopté une approche plus directe en abordant les visiteurs dès leur entrée sur le stand. Sans aucun préambule, ils demandent au visiteur de présenter leur badge, et les scannent de façon abrupte.

Rien n'est plus déplaisant qu'un commercial qui sort son téléphone et exige que vous lui présentiez votre badge alors qu'aucun échange n'a encore eu lieu. Certains commerciaux confondent la chasse aux clients et la chasse aux contacts. En tant que visiteur, il m'est même arrivé d'avoir l'impression qu'on ne me fournirait aucun renseignement tant que je n'aurai pas présenté mon badge.

Evidemment, en tant qu'exposant, il est important de savoir à qui vous avez affaire pour adapter votre discours, mais cela ne passe en aucun cas par un « rapt » ou un « chantage » au scan de badge. Cela passe comme nous l'avons vu précédemment par un exercice de qualification en bonne et due forme. Assurez-vous simplement de rappeler cette règle à votre équipe, car il est possible qu'un de vos membres l'oublie.

Certes, mais alors, à quel moment est-il préférable de procéder au scan ? Tout simplement après avoir mené votre entretien de questionnement et de qualification avec le visiteur. C'est seulement après ce véritable échange humain et après avoir créé une atmosphère détendue que vous pourrez envisager de prendre les coordonnées, si cela vous semble pertinent. Votre visiteur vous en sera reconnaissant, tout comme votre base de données !

**L'art de vérifier les données scannées**

Bien souvent, au sein d'une entreprise, la personne qui a procédé à l'achat des billets du salon l'a fait pour toute l'équipe. Dès lors, il se peut qu'elle ait indiqué son propre courrier électronique lors de l'enregistrement. D'autres fois, le salon peut associer un compte visiteur à une adresse e-mail incorrecte ou dépassée.

Ainsi, j'ai pu constater que près d'un e-mail sur cinq n'était pas exact ! Imaginez la perte de contacts que vous pourriez subir si vous vous lanciez dans la numérisation des badges sans vérifier soigneusement les données enregistrées auprès de vos visiteurs. Un véritable panier percé !

Il vous incombe de vérifier auprès de votre interlocuteur que les informations enregistrées sont exactes.

**L'art de paramétrer les bons champs de renseignement** :

De la même manière que vous créeriez une fiche de contact, assurez-vous de mettre en place les champs correspondants dans l'application pour qualifier et enregistrer au mieux les informations échangées avec le client.

Cependant, soyez attentif à ne pas surcharger l'application de champs de qualification, car en cas d'afflux de visiteurs, vous pourriez vous retrouver submergé par les informations que vous vous seriez contraint de remplir.

# Fiche pratique : Les Phrases Clefs

*C : Commercial, V : Visiteur*

## 1. Pour prendre les coordonnées

**C : « *Avez-vous une carte à me laisser ?* »**
V : « *Ah non désolé je les ai oubliées à la maison.* » ou encore « *Navré mais je les ai déjà toutes données.* »
**C : « *Ça ne fait rien je vais noter tout cela dans mon cahier.* »**

Notez que le cahier restera toujours l'outil indispensable en cas d'absence de carte ou de badge dysfonctionnel.

**C : « *Je vais noter vos coordonnées.* »**
V : « *Oui. Vous voulez ma carte ?* »

## 2. Pour scanner le contact et le vérifier

**C : « *Est-ce que je peux vous scanner ?* »**
V : « *Oui bien sûr.* »
**C : « *m.michaud@jachete.fr, c'est bien votre mail ?* »**
V : « *Ah non ça c'est celui de mon associé, le miens c'est...* »

Pensez à faire vérifier les coordonnées scannées auprès de votre interlocuteur.

### 3. Pour identifier l'action commerciale à prendre

*C :* « **Vous souhaitez que nous prenions rendez-vous après le salon ?** »

*V :* « *Oui tout à fait si vous pouviez venir faire une présentation à nos équipes ce serait parfait* »

*C :* « **Vous avez besoin de quelles informations pour commencer ?** »

*V :* « *Déjà envoyez-moi un devis pour les 2 produits que vous m'avez montré avec vos tarifs.* »

### 4. Pour identifier le délai du projet d'achat

*C :* « **C'est un achat que vous souhaitez réaliser sous quel délai ?** »

*V :* « *C'est assez pressé. Il faut qu'on se décide ce mois-ci sinon après on va être dans le rush.* »

Ou encore

*C :* « **C'est un projet à court terme ?** »

*V :* « *Pas avant l'année prochaine de toutes façons vu la conjoncture !* »

## 5.4 Apprendre à conclure une vente immédiatement.

### 5.4.1 Vaincre sa peur de "closer" une vente.

Votre client est convaincu par votre produit **?** Il est possible qu'il n'attende plus qu'une chose : que vous procédiez à la prise de commande. Mais bizarrement vous n'y arrivez pas car vous ne savez tout simplement pas comment passer au fameux closing !

Les personnes mal à l'aise avec le closing ont souvent tendance à prolonger la discussion sur le produit et à continuer de questionner le client même après avoir abordé tous les aspects du sujet.

Vous n'osez pas entrer dans le vif du sujet car vous craignez de mettre les pieds dans le plat comme un éléphant dans un magasin de porcelaine ? Pire encore, vous sautez le closing pour vous contenter de prendre simplement les coordonnées du client pour conclure l'échange ?

Face à un mauvais closer, deux cas de figure peuvent se présenter.

Premier cas de figure, votre client prend le taureau par les cornes à votre place, et vous demande s'il peut passer sa commande maintenant. Quelle chance, il fait le boulot pour vous !

Deuxième cas de figure, votre client se perd dans vos tergiversations. Ne vous voyant pas venir à la conclusion il vous remercie pour toutes ces informations en vous disant qu'il "reviendra vers vous". Hélas, quand un commercial n'est pas capable de closer, ce second scénario est le plus probable et le client passera sa commande sur un autre stand auprès d'un vendeur plus déterminé.

Il est même possible que votre incapacité à prendre la commande agace votre interlocuteur. Certains se diront : "Non mais vraiment, il veut prendre une commande lui ou non ? Il a mal choisi son métier ! Bon tant pis, il est vraiment mauvais, je vais acheter ailleurs ! " Faites en sorte que ce dialogue intérieur ne se produise pas et passez à la vitesse supérieure.

J'ai déjà vu des commerciaux se saborder pour éviter la phase du closing avec des phrases telles que "Prenez le temps d'y réfléchir, on se recontactera après le salon quand on sera au calme" ou encore "Êtes-vous sûr ? Parce que si j'étais vous, je vérifierais d'abord tel point avant d'acheter !"

Semer le doute dans l'esprit du client, mettre en avant des détails non essentiels ou des problèmes qui pourraient être réglés plus tard, et lui laisser une échappatoire sont des erreurs courantes chez les vendeurs qui manquent de confiance, fuient la conclusion de la vente et se contentent de conseiller.

Eviter donc l'auto sabotage. Otez les doutes de l'esprit de vos clients potentiels. Rassurez-les, faites-les s'asseoir et sortez-moi enfin ce fichu bon de commande !

A vous donc de savoir détecter le bon moment pour proposer à votre visiteur de passer une commande. N'ayez crainte de sa réponse. S'il souhaite réfléchir, vous pouvez lui demander à quoi précisément et ajuster votre discours en conséquence, sans exercer de pression.

Sinon, il sera ravi de passer commande chez vous et de régler cet achat qu'il pourra enfin rayer de sa liste de tâches une bonne fois pour toutes ! Adieu la charge mentale, il a enfin trouvé chez vous la solution à son problème. Vous êtes celui qui enlève le caillou dans la chaussure, retire l'épine du pied, et comble ses besoins ! En somme, vous êtes plus qu'un simple vendeur, vous êtes un héros !

Il est donc crucial que vous sachiez prendre votre courage à deux mains (non pas à demain, il sera trop tard…). Prenez l'initiative en proposant clairement à votre client de conclure la vente.

Comment formuler cela ? Quelle est cette phrase qui permettra de "close" me direz-vous ? Comment proposer de passer à la signature de contrat avec tact et délicatesse ?

C'est ce que nous allons voir dans les "phrases clefs" à la fin de ce chapitre.

## 5.4.2 Savoir fixer la prochaine étape de suivi commercial.

Votre visiteur n'est peut-être pas encore prêt à passer commande immédiatement (êtes-vous certain de cela, ou cherchez-vous une échappatoire pour éviter le closing ?).

Si tel est le cas, il est important de discuter avec lui de la prochaine étape. Souhaite-t-il obtenir un devis ? Préfère-t-il prendre un rendez-vous ultérieur ? A-t-il besoin de recevoir de la documentation ?

Demandez-lui !

Se mettre d'accord avec votre visiteur sur la prochaine étape à réaliser dans le cadre de votre nouvelle relation commerciale est la meilleure façon de la voir avancer de façon positive.

Un client qui convient avec vous d'un rendez-vous se sentira plus engagé quand il faudra honorer le dit rendez-vous. A contrario, si vous attendez après le salon pour évoquer le sujet d'un rendez-vous avec votre visiteur, il vous faudra batailler pour l'obtenir ! C'est scientifique, un accord qui a été verbalisé et validé entre les deux parties les engage beaucoup plus et aura plus de chance d'être honoré le moment venu.

## Fiche pratique : Les Phrases Clefs

Voici quelques phrases qui vous aideront à effectuer une transition fluide entre la phase d'information et la conclusion de la vente, ou vers la prochaine étape commerciale. N'hésitez pas à les essayer et à les adapter selon vos besoins, elles sont à tester sans modération !

*C : Commercial, V : Visiteur*

**1. Pour passer au remplissage du bon de commande (le closing)**

> *C : « On peut le commander maintenant si vous souhaitez ? »*
> *V : « Oui ok, comme ça ce sera fait au moins. »*

Notez l'usage du pronom personnel « On » qui vous place dans la même équipe que le client.

Autre cas de figure :

> *C : « On peut le commander maintenant si vous souhaitez ? »*
> *V : « Non je préfère réfléchir encore un peu »*
> *C : « Ah oui je comprends vous voulez peut-être voir ce que les autres fournisseurs peuvent vous proposer ? »*
> *V : « Non, vos produits sont bien...Oui vous avez raison autant passer la commande maintenant au moins ce sera fait ! »*

Notez qu'il est important de rester vigilant en cas de tentative d'évitement de la part du client et de prendre des mesures appropriées. En outre, la technique de « prêcher le faux pour savoir le vrai » peut s'avérer extrêmement efficace pour comprendre les véritables enjeux chez votre client et déterminer si vous pouvez le convaincre, qu'il s'agisse d'obstacles réels ou psychologiques.

**C :** *« Voulez-vous passer la commande tout de suite comme ça vous bénéficiez de la remise salon ? »*
V : *« Oui faisons comme ça »*

Autre cas de figure :

**C :** *« Voulez-vous passer la commande tout de suite comme ça vous bénéficiez de la remise salon ? »*
V : *« Je ne sais pas trop il faut que j'y réfléchisse...elle dure jusqu'à quand la remise ? »*
C : *« Jusqu'au dernier jour du salon, pas un jour de plus, et croyez-moi, en dehors du salon, nous ne pratiquons jamais ce genre remise. C'est une fois l'an. »*
V : *« Vraiment, mais si je passe la commande la semaine prochaine ? »*
C : *« Non ce sera trop tard hélas, mais vous aurez quand même la remise professionnelle standard bien entendu, c'est déjà bien ! »*
V : *« Oui mais bon, si je peux faire une meilleure marge ce serait mieux... »*
C : *« Je ne vous le fais pas dire, mais bon... si vous voulez réfléchir...Du coup on fait quoi ? Vous réfléchissez ou on la passe maintenant cette commande ? »*
V : *« Bon d'accord »*

Notez la fermeté quant à l'échéance de l'offre spéciale salon, accompagnée d'un rappel subtil de la remise standard (qui est « déjà bien »). Enfin, le commercial se désengage légèrement en déclarant "si vous voulez réfléchir...". Cette approche permet au visiteur de se sentir maître de sa décision, tout en créant une alerte dans son esprit : "Je ne veux pas me contenter de la remise standard, je veux plus !" Le choix devient alors évident pour lui.

## 2. Pour prendre rendez-vous avec un gros poisson

C : « *Le mieux c'est peut-être que nous fixions tout de suite rdv ?* »
V : « *Oui vous avez raison comme ça on fixe la date maintenant et ce sera fait* »

Autre cas de figure :

C : « **Fixons un RDV tout de suite dans ce cas comme ça c'est fait qu'en dites-vous ?** »
V : « *Non là je n'ai pas de visibilité sur mon agenda, mais rappelez-moi après le salon.* »
C : « *Très bien je vous rappelle à partir de quand ? Quand serez-vous de retour au bureau ?* »
V : « *Pas avant mardi.* »
C : « *Très bien je vous appellerai mercredi sans faute dans ce cas. J'ai votre numéro de ligne directe ?* »
V : « *Oui sur ma carte, c'est mon portable.* »

Remarquez qu'en cas de refus de prise de rdv immédiat, vous avez intérêt à demander un maximum de précisions sur les disponibilités et l'accessibilité de la personne afin d'augmenter vos chances de réellement réussir à la joindre après le salon. Il est même probable que face à vos demandes de précisions, votre interlocuteur prenne son calepin et vous fixe rendez-vous directement malgré tout pour aller plus vite !

*V : « Vous savez quoi ? Vous avez raison, prenons rdv maintenant. Mercredi ça irait ? Si jamais j'ai un empêchement je vous appelle. »*

Bingo !

### 3. Pour proposer un devis

Le devis est à proposer quand il y a un projet tangible mais que votre interlocuteur n'est pas décisionnaire ou que le délai de commande prévu est à court ou moyen terme. Il est inutile de proposer un devis sur un projet à long terme ou hypothétique, vous perdriez votre temps.

**C : « Ce que je vous propose c'est de vous envoyer un devis, ça vous conviendrait ? »**
V : « Oui parfait comme ça je pourrai en parler tranquillement à mon directeur à mon retour au bureau. »

### 4. Pour établir la prochaine étape de suivi commercial avec le visiteur

Dans de nombreux cas, vous aurez réussi à susciter l'intérêt de votre interlocuteur, mais vous ne pourrez peut-être pas le convertir immédiatement par une prise de commande ou l'envoi d'un devis. Cela peut être dû à un timing inopportun (pas de projet immédiat) ou parce que votre interlocuteur souhaite comparer les offres disponibles sur le marché.

Votre objectif principal est donc de rester présent dans l'esprit de votre interlocuteur, afin que sa décision penche en votre faveur au moment opportun. Pour cela, il est essentiel d'établir rapidement avec lui les prochaines étapes du suivi commercial. Voici quelques phrases pour vous aider à y parvenir :

**C : « Et donc, comment pourrions-nous travailler ensemble ? »**
V : « Oh tout d'abord il me faudrait vos tarifs et votre documentation pour voir si nous pouvons vous référencer dans notre catalogue. »
C : « Très bien, et comment la décision est-elle prise ? Y a-t-il un comité de référencement ? Référencez-vous de nouveaux fournisseurs tout au long de l'année ou seulement une fois par an ? »

Notez que fasse à une organisation qui est floue, il faut poser des questions pour savoir quelles sont vos chances réelles de travailler avec votre interlocuteur et s'il mérite vraiment que vous passiez du temps à lui envoyer votre documentation.

**Autre option**

**C : « De quoi avez-vous besoin dans un 1er temps ? »**
V : « Il me faudrait votre catalogue et vos tarifs afin que je puisse faire ma sélection en rentrant au bureau. »

Ici, le visiteur évoque une intention réelle de travailler sur votre offre. Sa réponse est directe et structurée. Vous avez tout intérêt à lui envoyer effectivement la documentation après le salon et à organiser un suivi commercial.

## Fiche pratique : A vous de jouer !

1. Lister les actions de suivi commercial que vous pouvez proposer à vos visiteurs : prise de rendez-vous, démonstration, visite d'ateliers, envoi de documentation ou d'échantillons, invitation à un événement, prêt de produit ...

2. A quel type de visiteur et dans quel cas allez-vous proposer chacun de ces suivis ?

# Partie 6

# Comment organiser le suivi de salon ? De l'importance d'arroser son jardin.

*"Développer une entreprise sans faire de suivi commercial, c'est comme semer des graines sans jamais les arroser. Le suivi est le soleil qui permet à vos prospects de germer en clients."*

*- Brian Tracy*

Vous venez de participer à un salon et vous êtes plein d'enthousiasme suite aux nombreux contacts accumulés ? Vous avez hâte de signer de beaux projets et de rentabiliser votre stand ?

Oui mais comment éviter le fameux effet soufflé ? Quand tous les contacts intéressés sur votre stand tardent finalement à passer commande...

Voici quelques astuces pour réussir à transformer vos bons contacts. En bons clients !

Bâcler le suivi d'un salon, c'est comme abandonner un marathon au bout de 40km. Vous vous êtes entrainé des mois, avez parcouru l'essentiel mais choisissez finalement de ne pas franchir la ligne d'arriver et de ne pas recevoir de médaille.

Alors soyez attentif aux conseils qui vont suivre.

## 6.1   Respecter le timing dans le suivi commercial.

Après un salon, tout le monde est généralement en retard dans son emploi du temps : les e-mails s'accumulent, les tâches urgentes se multiplient, et les visiteurs étrangers sont souvent encore affectés par le décalage horaire. En conséquence, il est peu judicieux d'envoyer des e-mails de remerciement à ce moment-là ! Dans le cas contraire, il y a de fortes chances que votre message passe inaperçu.

De plus, votre équipe a également besoin de récupérer et de se reposer. Pendant le salon, elle a probablement travaillé de longues heures supplémentaires. Il est donc essentiel de lui accorder le temps nécessaire pour récupérer leurs heures de repos immédiatement après l'événement.

Ainsi, vos commerciaux pourront récupérer du salon à un rythme similaire à celui de vos clients, ce qui les rendra encore plus efficaces à leur retour. En même temps, vos clients seront également plus enclins à vous écouter - c'est une situation gagnant-gagnant !

Il est conseillé d'attendre environ 3 jours après le salon pour entamer votre action de suivi commercial : envoyer un e-mail de remerciement, fournir de la documentation ou des devis, etc.

Il est crucial, à ce stade, de ne pas se précipiter. Même si l'envie de revenir rapidement aux affaires habituelles est grande et que la liste de tâches semble interminable, évitez de traiter vos contacts à la hâte pour les marquer comme "terminés".

Au contraire, prenez le temps d'organiser un suivi structuré, pertinent et durable. Avant de vous lancer dans l'envoi de courriers électroniques en mode "copier/coller", prenez un moment de réflexion.

Prenez le temps de réaliser soigneusement votre suivi et de déterminer la meilleure approche commerciale à adopter pour chaque contact.

Dans ce chapitre, nous allons voir comment organiser cela intelligemment et efficacement.

## 6.2   Organiser ses contacts et les classer par importance.

À ce stade, en supposant que vous ayez bien suivi les recommandations des chapitres précédents, vos fiches contact ont été scorées et annotées. Il apparait évident que vous devriez commencer par traiter vos contacts les plus prometteurs, c'est-à-dire ceux qui méritent et nécessitent toute votre attention et concentration.

**Comment définir ces contacts ?**

Comme nous l'avons déjà mentionné, tous vos contacts n'ont pas la même valeur et n'exigent pas le même degré de suivi. Certains demanderont toute votre énergie et engagement, tandis que d'autres contribueront simplement à enrichir votre base de données marketing pour de futures campagnes (nous en discuterons ultérieurement).

En plus de l'évaluation basée sur divers critères, je vous propose un autre outil pour classer vos contacts. Le classement des contacts n'est pas une science exacte, et dans la gestion d'une entreprise et de son CRM, il est fréquent de voir un contact changer de catégorie au fil du temps.

Ainsi, ne paniquez pas si vous avez des doutes. Le temps et l'expérience vous permettront de clarifier vos impressions et d'affiner la classification de vos clients et prospects "au fur et à mesure", comme le dit la chanson.

Voici donc un graphique que j'ai créé pour vous guider dans une approche de tri similaire à ce que nous avons abordé précédemment, bien que légèrement plus intuitive et amusante.

Contact
intéressé

Ceux qu'on aime bien

Le client n'a pas un gros potentiel d'achat
mais il est très intéressé par vos produits
et pour les prescrire sur ses projets.

Ceux qui nous nourrissent

Le client présente un fort potentiel
d'achat et de projets et il est en plus très
intéressé par vos produits car ils
répondent à ce qu'il cherche.

Contact
intéressant

Ceux qu'on évite

Le client est critique / chronophage /
désagréable / sujet constant au SAV /
vous appelle en dernier recours et ne
présente qu'un faible potentiel d'achat.

Ceux qui nous font ramer

Le client présente un fort potentiel
d'achat et de projets mais il n'est pas fan
de vos produits / travaille déjà avec votre
concurrent / ne connaît pas bien
l'ampleur de votre offre et de vos
prestations.

## 1ère catégorie : **Les clients qui vous nourrissent**

Ces contacts doivent être traités en priorité. Pour identifier ceux qui entrent dans cette catégorie, nous pouvons nous baser sur les critères suivants : le client présente un potentiel commercial significatif et a un projet d'achat à court ou moyen terme. De plus, il a manifesté un enthousiasme marqué à l'égard de vos produits. Les échanges que vous avez eus pendant le salon étaient constructifs et professionnels.

Vous avez approfondi son projet et discuté en détail de vos produits. Ces contacts nécessitent une attention particulière et il est essentiel d'exploiter cette opportunité tant qu'elle est encore d'actualité. L'objectif est de se positionner en tête de liste au moment où la commande sera passée.

### 2è catégorie : Les clients que vous aimez aime bien

Ces contacts ont manifesté un vif intérêt pour votre offre. Cependant, ils sont de taille plus modeste, ce qui se traduit par un potentiel commercial moindre. Ils ont des projets à réaliser dans un avenir proche ou relativement proche.

Il est primordial d'établir une relation solide avec ces contacts, car il est bien connu que les petits ruisseaux forment les grandes rivières. De plus, cette clientèle est souvent très active dans le bouche-à-oreille, ce qui signifie qu'il est fort possible que de nouveaux prospects vous contactent grâce à leurs recommandations.

### 3è catégorie : Les clients qui vous font ramer

Ces contacts représentent de grandes opportunités avec un fort potentiel, mais ils sont difficiles d'accès pour diverses raisons : le processus de référencement est laborieux, ils demandent des remises impossibles à soutenir, ou ils ont des liens historiques avec un autre prestataire.

À première vue, leurs contraintes semblent ne pas correspondre à votre structure et à votre politique. Cependant, il est toujours possible qu'ils aient besoin de vos services à un moment donné. Par conséquent, il est essentiel de les traiter avec attention tout en restant prudent : ne vous mettez pas en position de demande, ne les harcelez pas pour les contacter, et surtout, ne cédez jamais à la pression sur les marges, car cela pourrait vous entraîner dans une spirale défavorable.

**4è catégorie : Les clients à éviter**

Ces contacts ont visité votre stand, mais après évaluation, vous avez constaté qu'ils avaient des contraintes budgétaires importantes, qu'ils étaient compliqués, ou encore particulièrement désagréables. Dans ce cas, il est préférable de les laisser de côté et de les oublier.

## 6.3 Effectuer un suivi commercial efficace et personnalisé.

À ce stade, vous avez donc classé vos contacts en catégories et vous allez les traiter par ordre de priorité en fonction de leur catégorie : commencez par les 5 étoiles, puis les 4 étoiles, et ainsi de suite. Il est maintenant temps de suivre chacun d'entre eux de manière adaptée.

Si votre emploi du temps est chargé, je vous conseille de ne pas vous occuper de la catégorie 1 étoile ou "à éviter", selon le modèle que vous aurez choisi d'adopter. Mettez ces fiches aller directement à la poubelle !

Maintenant, concentrez votre énergie sur la mise en place d'actions commerciales personnalisées en fonction des informations recueillies dans votre fiche de contact : envoi de devis, planification de rendez-vous et visites, invitations à des événements, campagnes de marketing numérique, déjeuners, appels téléphoniques, etc. Battez le fer tant qu'il est encore chaud !

Soyez proactif dans votre démarche commerciale et ne comptez pas sur le fait que le client revienne vers vous "spontanément" pour discuter de son projet ou faire appel à vos services au moment opportun. Car d'ici là, un concurrent pourrait bien être plus rapide que vous !

### Replacez-vous dans la mémoire de vos visiteurs : l'accroche visuelle et contextuelle

Vous êtes sur le point de traiter vos fiches de contact une par une, n'est-ce pas ?

C'est à ce moment que la qualité des informations que vous avez collectées fera la différence. En effet, vos visiteurs ont rencontré de nombreux exposants et vu de nombreux produits lors du salon. Il est essentiel de faire en sorte qu'ils parviennent à vous resituer.

Pour ce faire, rien de tel qu'un e-mail contenant une photo de votre stand et de votre équipe directement dans le corps du texte (et non pas en pièce jointe sinon l'effet recherché sera raté !). Cette accroche visuelle a pour objectif de vous replacer instantanément dans leur mémoire, augmentant ainsi les chances qu'ils lisent attentivement votre e-mail.

Ensuite, rédigez un message hautement personnalisé, comme nous l'avons discuté dans le chapitre précédent, en reprenant avec précision les informations personnelles et professionnelles échangées lors de votre rencontre. Cette approche contextuelle aura un impact considérable auprès de votre interlocuteur et favorisera l'établissement d'une relation commerciale solide et fructueuse.

Gardez à l'esprit que lorsque je parle d'envoi d'e-mails ici, un suivi commercial approprié, comme indiqué dans votre fiche, peut également impliquer un appel téléphonique direct !

## Evitez les pièces jointes

Vos visiteurs vous ont demandé de la documentation telle que des catalogues, des tarifs, des fiches techniques, etc. Évitez d'envoyer ces documents en pièce jointe !

D'une part, les pièces jointes ont tendance à alourdir vos messages et à ralentir leur réception dans la boîte mail du destinataire. D'autre part, de nombreuses personnes ne consultent pas les pièces jointes, tout comme beaucoup de gens ne vérifient pas leurs messages vocaux.

Il est donc préférable de privilégier des liens URL directement intégrés dans le corps de l'e-mail. Ces liens redirigeront les destinataires vers les documents stockés dans votre Dropbox ou sur un Google Drive. De plus, les liens URL offrent généralement la possibilité de suivre les clics, ce qui vous permettra, si vous le souhaitez, de vérifier si votre destinataire a ouvert le document envoyé ou non.

## Effectuez un appel en J+2 ou J+3

Votre prospect ne réagit pas suite à l'envoi de la documentation alors qu'il avait l'air pressé ou intéressé ? Pas de panique. Peu de personnes aujourd'hui prennent le temps ou ont la courtoisie d'accuser réception d'un message auprès de leur correspondant.

Ceci dit, il est hors de question de rester passif de votre côté. D'autant plus qu'il est réellement possible que votre e-mail ne soit pas arrivé ou qu'il soit tombé dans les spams. Les protections anti-spams de certains groupes sont tellement strictes de nos jours (par peur d'une cyberattaque) que beaucoup de boîtes mails restreignent automatiquement la réception de mails potentiellement identifiés comme risqués via des pares-feux.

Il est donc essentiel d'appeler votre interlocuteur suite à l'envoi de la documentation demandée ou d'une demande de prise de rendez-vous afin de vérifier la bonne réception. En l'occurrence, cela permettra de renouer le dialogue et de reprendre la conversation là où vous l'aviez laissée. Ce nouvel échange est l'occasion de renforcer votre relation commerciale et d'obtenir des détails complémentaires pour transformer votre bon contact en futur bon client.

Aucune excuse ne saurait empêcher ce travail de relance téléphonique.

D'ailleurs, j'ai une autre nouvelle : il va falloir programmer d'autres points de relance dans votre joli CRM pour ce même prospect. Le travail commercial est en cours !

## 6.4  Renseigner une Base de Données Clients (CRM).

Suite à votre salon, vous avez rassemblé de nombreux contacts précieux qu'il sera essentiel de cultiver pour en récolter les fruits tôt ou tard.

Cependant, il est malheureusement fréquent de voir des entrepreneurs dispersés, qui trouvent diverses raisons pour ne pas prendre le temps d'enregistrer soigneusement leurs contacts. Des piles de cartes s'entassent sur leur bureau, des fichiers Excel demeurent inutilisés sur leurs ordinateurs... C'est une forme d'auto-sabotage qui entraîne une perte d'opportunités financières.

C'est pourquoi il est crucial d'adopter dès maintenant la discipline d'enregistrer les contacts et les cartes de visite après le salon. Si cette précieuse ressource n'est pas numérisée, triée et annotée, elle sera tout simplement gaspillée ! Quel dommage, notamment compte tenu du temps et de l'argent que vous avez investis dans le salon !

Logiciel CRM ou simple fichier Excel ? L'essentiel est de disposer d'une liste de contacts à jour et exploitable !

Bien sûr, si vous êtes une entreprise de taille moyenne, il est impératif de mettre en place un logiciel CRM de manière appropriée. Celui-ci vous permettra de suivre l'historique de vos clients et de planifier des activités et des rappels pour chacun d'entre eux.

Le choix numéro un en matière de CRM ? Salesforce, bien sûr. Cependant, il nécessite un budget conséquent et un temps d'implémentation relativement long. De plus, il a tendance à devenir rapidement complexe et peut paraître excessivement bureaucratique pour vos équipes. Vous et vos commerciaux pourriez finir par consacrer plus de temps à le mettre à jour qu'à traiter vos clients.

C'est pourquoi je vous recommande de commencer avec des solutions comme Pipedrive ou HubSpot. Leurs premiers forfaits sont tout à fait abordables et vous permettront de conserver l'historique de vos échanges par e-mail et par téléphone avec vos contacts. De plus, ils vous offrent la possibilité de programmer des rappels et d'associer des opportunités et des projets à ces contacts.

Ces logiciels deviendront une précieuse mémoire pour vous : en un coup d'œil, vous pourrez retrouver vos échanges commerciaux passés (ce qui évite les trous de mémoire embarrassants lorsqu'un client vous appelle de manière inattendue) et planifier vos actions commerciales futures (évitant ainsi d'oublier une grosse affaire ou une personne à recontacter impérativement ultérieurement).

Lors de leur installation, ces logiciels vous permettent d'importer des fichiers de contacts au format Excel ou CSV. Vous n'avez donc pas à vous inquiéter : vous n'aurez pas à ressaisir toutes les coordonnées de vos contacts pour commencer à profiter de leurs nombreux avantages.

## 6.5   Utiliser le Marketing Digital et décupler sa force commerciale.

Vous dirigez une TPE ou une PME ? Par nature, vos ressources commerciales sont limitées. Le marketing digital est donc votre meilleur atout pour maintenir la notoriété de votre entreprise tout au long de l'année et pour que vos produits viennent à l'esprit de vos contacts au moment opportun.

Il s'agit désormais d'exploiter votre belle base de données via l'envoi de newsletters, de campagnes d'emailings et de publications sur les réseaux sociaux ! Chaque événement est un prétexte : actualité, projet, nouveau produit ? Tout doit être partagé !

**Invitez vos contacts à suivre vos réseaux sociaux**

Les réseaux sociaux sont vos meilleurs alliés pour vous tenir informé des projets de vos clients et également pour leur faire part de votre actualité. Invitez tous vos contacts à rejoindre votre réseau !

Vous travaillez principalement avec des professionnels (prescripteurs, architectes, décorateurs, FF&E…) ? Linkedin est le réseau approprié pour le B to B. Certains logiciels CRM, via une extension (ou plug-in), peuvent retrouver et synchroniser automatiquement vos contacts !

Vous travaillez plutôt en B to C ? C'est-à-dire avec le consommateur final ? Une page Facebook ou Instagram sera sans doute plus appropriée pour vous ! D'autant plus que ces réseaux permettent aujourd'hui de vendre en direct grâce à leurs pages de vente intégrée.

**Utilisez les newsletters et autres campagnes d'e-mailing.**

De nombreux logiciels CRM proposent des fonctionnalités pour rédiger des newsletters et envoyer des campagnes d'e-mailing (comme Salesforce, Agile). Vous pouvez également utiliser des plates-formes telles que Mailchimp ou Sendinblue, qui permettent de travailler directement à partir de contacts importés d'une base de données Excel.

Les e-mailings peuvent prendre plusieurs formes pour tenir vos clients informés sur divers sujets :

- Votre actualité : par exemple, le lancement d'une nouvelle collection, votre participation à un salon, ou un changement dans la direction artistique.
- Votre nouvelle documentation : l'envoi du nouveau catalogue annuel et des tarifs.
- Vos événements : invitations à des soirées, des vernissages de collection, des inaugurations de boutiques, ou des journées portes-ouvertes.

Chaque nouvelle offre une opportunité de communication avec vos clients et prospects ! Ces outils abordables constituent des moyens puissants d'actions commerciales à disposition des petites entreprises. Il serait dommage de ne pas les exploiter.

Cependant, veillez à ne pas submerger vos contacts de courriels. Il est recommandé de n'en envoyer qu'une fois par mois ou tous les deux mois, en fonction de votre audience.

En outre, en fonction des caractéristiques de vos contacts, vous ne devrez sans doute pas envoyer les mêmes newsletters. Il est donc essentiel de déterminer ce qui est pertinent pour chaque catégorie de contacts et le moment opportun pour l'envoyer.

# Conclusion

Des préparatifs du salon professionnel jusqu'à son suivi, vous avez désormais à votre disposition les outils essentiels pour transformer vos événements en succès commerciaux.

Rappelez-vous, la réussite ne vient pas du jour au lendemain. Alors ne vous découragez pas et persévérez. Les actions commerciales fructueuses et les nouvelles habitudes se construisent progressivement, par petites étapes. Le but de ce livre est de vous permettre de mettre en pratique les premières actions qui vous semblent réalisables ou les plus pertinentes en fonction de votre structure d'entreprise. Considérez ce livre comme un compagnon qui vous guidera pas à pas dans votre progression. Il sera judicieux de le relire périodiquement, de revisiter certains chapitres et d'appliquer ses principes au fur et à mesure de l'évolution de votre entreprise.

Malgré l'essor des événements en ligne, des webinaires, et des réunions virtuelles qui sont aujourd'hui monnaie courante dans le monde des affaires, les foires professionnelles demeurent, et demeureront toujours, le meilleur moyen de conquérir de nouveaux marchés et de cultiver des relations durables avec vos clients. Ne sous-estimez pas cet aspect crucial. Suivez les recommandations de ce guide et vous en récolterez rapidement les fruits de l'argent, de l'énergie, et du temps investis.

J'attends avec impatience vos témoignages et vos retours d'expérience par rapport à ce livre et à ce qu'il a pu vous apporter. Je serais également enchantée que vous partagiez vos propres méthodes et tactiques de vente, afin d'enrichir les conseils destinés aux futurs lecteurs lors des prochaines éditions. N'hésitez pas à me faire part de vos commentaires et témoignages à l'adresse e-mail suivante : severine@renfort-commercial.com.

Je vous souhaite à tous d'excellents salons et de prospères ventes !

Séverine Spriet